월터 브루그만의 복음 전도

Originally published by Abingdon Press
as *Biblical Perspectives on Evangelism* by Walter Brueggemann
ⓒ1993 by Walter Brueggemann
Translated and printed by permission of Abingdon Press

This Korean Edition ⓒ2024 by Korea Touch Books
2nd floor, 800, Tongil-ro, Deogyang-gu, Goyang-si, Gyeonggi-do,
Republic of Korea

이 책의 저작권은 미국 Abingdon Press 와 독점 계약한 터치북스에 있습니다.
신저작권법에 의하여 한국 내에서 보호받는 저작물이므로
무단 전제와 무단 복재를 금합니다.

월터 브루그만의
복음+전도

차례

들어가는 글 ... 7

1장 완성되지 않은 세 장면의 복음 전도 ... 17
세 장면의 드라마
신학적 갈등
승리의 선언
삶 속의 전유
반복되는 패턴의 드라마
세 가지 실제적 함의

2장 아웃사이더가 인사이더가 되다 ... 71
역기능 가정에서 자란 여성
피곤한 기업의 임원
영원한 하층 계급의 일원
다시 서술된 삶
이야기에 뿌리내린 명령
새로운 언약 정체성

◆ 3장 망각한 자가 기억하는 자가 되다   109

에스라와의 만남
선물과 경고
기억 상실증에 걸린 대가
기억하기 위한 몸부림
에스라의 재통합

망각과 기억

◆ 4장 사랑받는 자녀가 신실한 어른이 되다   145

자녀를 위해, 자녀와 함께
증언하는 대답
포화의 내러티브
명령하는 내러티브
과거 말하기, 미래 꿈꾸기
연약한 신의

나가는 글   201

주   206

들어가는 글

복음 전도는 교회를 사로잡아 온 관심사다. 복음 전도의 강조에는 분명 교회가 맞닥뜨린 심각한 위기가 반영되어 있다. 표면적으로, 주류 교회는 교인 감소, 헌금 감소, 영향력과 중요성의 약화를 감지하면서 '생존을 위한 노력'을 기울인다. 이러한 표면적 의제 이면에는 복음의 주요 주장에 대한 우리 문화의 저항이 우리 가운데 점점 커가고 있다는 인식이 있다. 이러한 저항은 세속주의의 형태를 띠고, 종종 무관심으로 표현되고, 흔히 그 대응으로 일종의 두려운 율법주의를 부추긴다. 하지만 세속주의의 힘은 결국 파괴적이고, 율법주의의 반응은 교회 편에서 적절한 대응이나 해결책을 제공하지 못한다는 점은 분명하다. 게다가 이렇듯 복음에 대한 적대감이 커지고 있다는 인식 뒤에는, '뉴스, 즉 소식에 굶주린' 우리 사회에 '소식'을 전하는 선교적 동력을 제공하는 복음 자체의 단순한 '소식'이 있다. 결국 우리는 복음 전도의 근거를 어떤 교회의 상황이나 사회적 필요가 아니라 복음 자체에서 찾는다. 따라서 복음 전도의 시급성은 교회 안에 있는 다층적이고 복합적인 현실이다. 그런 이유로 복음 전도 전략과 절차에 대한 합의는 고사하고, 복음 전도의 의미에 대한 준비된 합의가 우리 가운데 존재하지 않는다는 것은 놀라운 일이 아니다. 사실 복음 전도는 분명 각양각색의 사람들에게 다양한 의미를 갖는다.

그런 이유로, 당연히 성경 교사에게 복음 전도는 대부분 성경 본문 자체에서 재연되는 변혁 드라마에 주목하고 그 드라마에 참여하는 것으로 이루어진다. 이어지는 글에서 나는 복음 전도의 실천을 위한 결정적 단서를 성경 본문 자체의 드라마와 역동적인 접촉에서 찾을 수 있다고 주장한다. 이 주장은 우리 편에서 본문에 대한 매우 다른 이해와 관계를 요구한다. 이어지는 글에서 나는 성경 본문이 흔히 생각하듯이 도덕이나 교리를 위한 교과서도 아니고, 다른 한편으로 많은 이들이 생각하는 것처럼 역사 기록도 아니라고 가정한다. 오히려 성경 본문은 '본문 사용자,' 즉 교회와 회당 안의 독자들에게 참여하라고 초대하는 창의적인 현실 모델의 표현이다. 본문은 '거기' 머물러 있기를 거부하고 항상 '현재 시제'와 동시대성을 고수하기 때문에, 본문은 계속 살아서 독자들을 초대한다. 따라서 성경 본문은 단순히 (단번의 신적 계시나 저명한 인간 저자에 의해) 확정되고 고정되지 않는다. 성경 본문은 공동체에서, 특히 예배를 실천할 때, 또한 다른 여러 맥락에서 이루어지는 반복적인 사용으로 형성되었고, 또한 반복적인 사용을 위해 형성되었다.

또한 신앙 공동체가 자신의 삶과 실천에서 성경 본문을 '사용'할 때, 그 공동체는 본문의 실체적 (도덕적, 교리적) 주장만이 아니라 본문의 극적이고 변혁적인 잠재력도 재현한다. 따라서 나는 이처럼 성경 본문을 창의적인 현실 모델이라고 보는 극적이고 역동적인 이해가 복음 전도에 몰두하는 현재 교회의 상황에 중요한 접점을 제공한다고 본다.

나는 복음 전도란 '본문을 다시 실천하여' 우리의 본문으로, 또한 우리에게 전해져 우리 자신의 시간과 공간 안에 수용되고, 전유되고, 재연되기를 기다리는 '소식'으로 삼는 것이라고 제안한다. '본문을 실천한다'는 표현을 통해 나는 본문의 드라마를 즐기고, 주목하고, 참여하고, 재현하는 것을 의미한다. 분명 복음에 대한 우리의 이해에 따라, 모든 본문이 우리에게 유용한 모델이 되는 것은 아니다. 또한 모든 본문이 동일한 변혁적 잠재력을 갖고 있는 것도 아니다. 이어지는 글에서 나는 분명 '소식'에 대해 특정한 시각에서 특정한 종류의 표현을 하는 본문들을 선별했다. 나는 일부 본문의 발자취는 복음 전도라는 우리의 주제 및 교회 생활의 신실한 순간과 특별한 관계에 있다고 전혀 의심하지 않고, 그래서 나는 그 방향에 관심을 집중했다. 그 과정에서 나는 특히 복음을 표명하는 본문에 집중했던 마르틴 루터와 장 칼뱅의 관행에 호소한다.

교회에서 역효과를 낳는 '진보'와 '보수' 사이의 기만적인 싸움에서 본문의 극적인 힘은 대체로 사라졌다는 것이 나의 판단이다. '표현적 개인주의'를 지향하는 자유주의의 오독 혹은 결국 자유 시장 정책 및 경제와 특징적으로 결합된 율법주의적 순응을 지향하는 보수적 성향이 그 자리를 차지했다. 나는 지금과 같은 상황에서 복음 전도는 '표현적 개인주의'나 율법주의적 순응으로부터 교회가 해방되고, 이 공동체가 자신의 존재의 모든 차원에 영향을 미치는 새로운 삶을 반복적으로 잉태했던 본문의 드라마를 다시 받아들이는 데서 시작된다고 제안한다. 성경 본문은 우리의 목소리와 다른 자신의 고유한 목소리를 가지고 있다. '본문의 실천'이란 본문의 목소리가 우리의 공동생활에서 온전한 발언권을 갖게 하는 것을 의미한다.

'세 개의 이야기로 된 세계'(three-storied universe)라고 말할 때, 이 제목은 유용하고 암시적인 단어 유희를 의도하고 있다. 한편으로, 이 문구는 지난 세대의 탁월하고 중요한 신약학자 루돌프 불트만의 아주 영향력 있고 논쟁적인 연구를 암시한다. 불트만의 주장에 의하면, 고대 과학과 신화의 세계에서 탄생한 성경은 우주가 세 층 혹은 세 겹으로 이루어져 있는데, 땅은 2층이고 위로 하늘은 최상층이고 아래로 바다는 최하층이라고 가정했다. 이러한 우주관은 성경에서 의도적으로 숙고하여 얻은 결과물이 아니라, 기존의 문화적, 예전적, 과학적 가정을 무비판적으로 기꺼이 전용한 것이다.

다른 한편으로, 내가 의도한 단어 유희에서 '스토리'라는 단어는 건축 구성에서 '바닥' 혹은 '단'을 가리킬 수 있다. 물론 동일한 단어는 내러티브를 지칭할 수도 있다. 삼층 우주라는 어구의 사용은 불트만을 암시하지만, 또한 성경의 중심에 있는 세 가지 내러티브가 초점과 규범을 제공하고, 이스라엘의 상상력을 부추기고, 많은 파생적 주장을 낳는다는 사실을 시사하기 위한 것이다. 이 세 가지 이야기는 조상들에게 주어진 약속, 종살이로부터의 이야 그리고 땅의 선물이다. 이 세 가지 이야기는 이스라엘의 자기 이해에 있어서 결정적이고, 엄청난 해석적 자유를 갖고 수행된 기독교 선포에 필요한 많은 자료를 제공한다. 나의 주장은 이것이다. 복음 전도란 이 이야기로 사람들을 초대하여 이 이야기가 우리의 삶을 규정하게 하고, 이를 통해 거짓되거나 왜곡된 방식으로 자신들의 삶을 형성해온 다른 이야기들을 포기하고, 버리고, 폐기할 권한을 사람들에게 부여하는 것을 의미한다.

성경의 삼층 우주는 사실 현대 세계의 인식론에 전혀 부합하지 않는 특이한 세계다. 하지만 나는 그 특이한 우주의 비신화화를 전혀 지지하지 않는다. 불트만은 우리가 이 고대의 내러티브를 현대인의 입맛에 훨씬 잘 맞는 참된 설명으로 바꾸어야 한다고 제안한다. 고대의 내러티브는 과학 이전의 전근대적 방식으로 주조되었기 때문이다. 불트만이 이와 같이 이야기를 '비우고' 다시 현대적 범주로 '채우는' 것과 반대로, 나는 이 이야기들이 당혹스러운 고대성 안에 보관되어야 한다고 제안한다. 근대성을 거부할 때, 하나님은 우리의 삶에 대한 이 설명의 중추적 핵심 인물로 등장하시기 때문이다. 따라서 '소식'의 초점으로 유지되어야 하는 이 원시적 특성을 상실하지 않은 채 내러티브를 현대화하는 것은 불가능한 것처럼 보인다. 성경의 오래된 이야기는 우리 시대에 만연한 '넌센스' 가운데서 참으로 의미 있는 이야기다.

따라서 우리 시대와 공간 속에서 '본문을 실천하는' 복음 전도는, 우리 사방을 둘러싸고 있는 세속주의와 율법주의라는 대안이 우리에게 제시하는 경쟁적 설명보다 살아 있는 현실에 대한 복음의 설명이 훨씬 적절하다고 주장한다. 복음 전도는 이런 내러티브적 방식을 따라 우리의 삶을 다시 상상해 보라는 초청이라고 나는 제안한다. 이런 현실에 대한 내러티브를 들을 때, 우리는 이 내러티브의 거룩한 등장인물 없이 살아가려는 시도는 참으로 '무의미한' 삶이라는 것을 필연적으로 더 깊이 깨닫는다(분명 이야기 밖에 있는 사람은 그러한 판단이 설득력이 있다고 생각하지 않겠지만, 복음 전도의 핵심은 그와 같은 대조에 의해 결정된다).

성경적 세계의 특이함과 합리성(그리고 삼층 개념)은 고대 물리학이나 현대 과학의 실재 모델에 의해 규정되지 않는다. 복음 전도는 '세 가지 이야기'로 들어가는 것이라는 나의 이해는 조상에게 주신 약속, 노예 해방, 추방된 유민들에게 주는 땅의 선물에 따라 우리의 삶을 다시 경험하고 소생시키라고 우리를 초대한다. 이 세 가지 이야기에는 하나님, 곧 약속을 주신 분, 해방자, 약속을 지키시는 분, 이 내러티브의 중재를 통해서만 살아서 역사하시는 분에 대한 가슴 벅찬 기쁜 소식이 담겨 있다. 따라서 나는 복음 전도가 사실 유대인과 그리스도인이 항상 해왔던 그것을 다시 되풀이하는 것이고, '오래된 옛 이야기'를 전하는 것이지만, 현대인의 공적이고 개인적인 삶의 모든 측면에 영향을 미치는 방식으로 전하는 것이라고 제안한다. 이야기 자체가 모든 것을 새롭게 만드는 도구다.

이 이야기를 들으러 오는 사람들(그리고 이야기를 전하는 사람들)은 우리에게 다른 이야기가 없는 것처럼 '이야기 없는' '모임'에 오지 않는다. 오히려 우리는 이미 (자신도 모르게) 신뢰하고 헌신하는 다른 이야기들로 채워진 상상력을 가지고 온다. 이러한 다른 이야기는 우리 문화의 지배적 가치를 반영하는 다양한 이데올로기에서 기원했을 수 있다. 이 이야기들은 (선전과 홍보를 통해, 혹은 부모의 설득을 통해서도) 끊임없이 다시 전달되면서, 우리는 이러한 다른 이야기를 당연하게 '주어진 것'으로 받아들이게 되었다.

복음 전도 현장에서, 우리는 별다른 의도 없이 받아들인 이 다른 이야기들이 적절하지 않다는 것을 깨달을 마음의 준비를 한다. 이 이야기들은 심각한 한계를 갖고 있고, 우리가 열망하는 삶을 형성할 수 없다. 이것들이 적절한 이야기가 아닌 이유는, 우리가 온전히 인간다운 삶을 살려고 할 때 반드시 접촉해야 하는, 우리의 자아 너머에서 생명을 주는 거룩한 힘이 이 다른 이야기들에 결여되어 있기 때문이다. 따라서 성경 본문에 있는 내러티브의 재현은 대안적인 현실을 제공한다. 한편으로, 이러한 대안적 현실의 목소리는 우리에게 생명을 주는 하나님의 두려운 실재에 접근할 수 있게 해 준다. 다른 한편으로, 핵심 인물이 등장하는 이 이야기들은 우리가 다른 곳에서 받아들인 이야기들이 얼마나 얄팍한지 알아차릴 수 있게 해 준다. 이 '세 이야기의 현실'을 전하고 듣는 것은 '이야기를 교체하고,' 이로써 삶을 바꾸라는 초대요 소환이다. 전하고 듣는 것은, 이 이야기들을 사용한 고대 사람들이 그랬듯이, 어떤 것도 '예전과 같은 일'로 남지 않는 고통스러운 만남을 형성한다. 놀라운 것은, 대안적 상상력의 모델인 이들 오래된 본문이 실제로 우리 시대와 공간에서도 그처럼 생성적이고 변혁적인 능력을 계속 지니고 있다는 사실이다.

이 책의 구조는 두 부분으로 나뉜다. 상당히 긴 1장에서 나는 '복음 전도의 분류법'을 제안했다. 다시 말해, '기쁜 소식'이 본문 자체에서 재현될 때, '기쁜 소식'의 재현에서 반복되는 요소와 절차가 무엇인지 규명했다. 나는 (심지어 초대교회도 단 하나의 규범적 복음서가 아니라 네 개의 복음서 기사를 우리에게 남겼듯이) '소식'에 대한 규범적 설명인 성경에서 단 하나의 내러티브는 존재하지 않는다고 제안하고자 한다. 오히려 일관성을 유지하면서도 상당한 상상력과 유연성을 갖고 전해지는 다양한 형태의 특징적인 재서술이 존재한다. 우리 자신이 이 재서술의 틀 안에 들어가 참여할 때, 우리는 동일한 상상력과 유연성을 갖되 항상 동일한 특징적 요소와 절차를 따라야 한다.

이 책의 두 번째 부분(2장부터 4장까지)에서는 '모임'을 다루는데, 이때 창세기에서 조상들에게 준 약속에 대한 소식과 출애굽기의 해방, 여호수아서의 땅이 논의 주제가 된다. 나는 다양한 형태로 전해지는 이 이야기들이 우리의 삶에 관한 진실, 곧 우리의 가장 근원적인 욕구에 대한 진실과 인간의 삶을 가능하게 하는 하나님의 가장 신실한 선물에 관한 진실을 말해준다고 생각한다.

나는 이런 결정적 이야기들이 소식을 전하고 받아들이는 '모임'에서 제공된다고 보았다. 2장에서 나는 여호수아 24장을 통해 외부인이 이러한 근원적 내러티브에 내부인으로 포함되는 모임에 대해 숙고했다. 3장에서 기억을 망각한 지친 내부인은 에스라와 함께 느헤미야 8장의 모임에 참여하고, 그 모임에서 생명을 주는 기억으로 다시 초대된다. 4장에서 나는 세 번째 복음 전도 대상, 즉 신앙 공동체의 젊은이들, 다시 말해 신자의 자녀들을 다룬다. 하지만 젊은이들에게는 지속적인 대화가 단 한 번의 명확한 모임을 대신하기 때문에, 여기서 다른 접근 방법이 필요하다.

따라서 나의 주장은 외부인, 지친 내부인, 그리고 어른으로 성장하는 자녀들이 복음 전도의 주요 대상이라는 것이다. 각각의 경우에 나는 본문과 사람들 사이에 강력하고 예리한 접점이 있다고 제안한다. 또한 본문이 잘 전달되고 잘 들릴 때, 사람들은 놀라운 '소식'을 접하게 된다.

나는 이 책을 복음 전도를 둘러싼 교회의 위기 때문에 썼다. 1장은 컬럼비아 신학교와 프린스턴 신학교, 리치몬드에 위치한 유니온 신학교가 후원한 노스캐롤라이나주 샬롯에서 열린 복음 전도 콘퍼런스에서 발표한 논문에 기초한다. 콘퍼런스에서 발표한 글을 출간했던 컬럼비아 신학교 출판사의 관대한 허락을 얻어, 약간의 수정을 거쳐 재수록했다[『개혁파 전통의 복음 전도』(Evangelism in the Reformed Tradition, 아놀드 로웰 편집, 1990)]. 다른 장들은 내가 속한 교회인 연합 그리스도 교회를 위해 복음 전도 안내(Institutes on Evangelism) 시리즈에서 발표한 글으로 시작되었다. 그런 맥락에서, 앨런 존슨과 로버트 샌드맨, 로저 나이트의 환대에 감사한다.

언제나 그렇듯, 인내심과 전문 기술을 갖고 원고를 정리한 템피 알렉산더와 도나 로그라소에게 감사한다. 마지막으로, 관대하고 친절하게 복음 전도라는 곤혹스럽고 긴급한 주제에 대해 감히 논평할 수 있게 해 준 동료 벤 존슨에게 감사를 표한다. 결국 복음 전도는 프로그램 전략일 수 없고, 신앙 공동체의 소망과 활력을 실행하는 혁명적 방법이라는 점은 분명하다. 나의 사역이 신앙 공동체에게 전달될 수 있을 뿐 아니라 공동체 안의 삶에서 비롯된다는 사실에 감사한다.

모든 성경 인용 및 장절 표시는, 한 가지만 제외하고 NRSV를 따른다. 하나님의 이름, 히브리어로 야훼(YHWH)는 NRSV를 비롯한 대부분의 영어 번역본에서 전통적으로 "주님"으로 번역된다. 나는 "YHWH" 혹은 "야훼"를 사용하는 것을 선호한다(본서에서는 모든 성경 인용은 개역개정을 따랐다 — 옮긴이).

1장
완성되지 않은 세 장면의 복음 전도

복음 전도의 의미에 대한 온갖 혼란과 불일치 때문에, 가급적 최선을 다해 성경 자체에 있는 '뉴스 사건'의 구조와 순서, 요소를 규명하는 것이 중요하다. 나는 이 장에서 복음 전도 행위에는 주목할 만한 가치가 있는 특징적인 구조와 반복되는 패턴이 있다고 주장할 것이다. 이 구조와 패턴은 부분적으로 "하나님이 승리하셨다"는 실질적 주장에 의해 형성된다. 이 주장은 다양한 방식으로 반복적으로 제시된다. 그런데 이 구조와 패턴은 확고한 수사적 의도의 일부이기도 하다. 이것은 이들 본문 안의 공동체가 자신들의 삶과 정체성에서 가장 결정적이고 변혁적인 요소에 관해 이야기하는 방식이다. 실질적 주장과 수사적 의도는 결코 분리될 수 없다. 복음 전도와 관련된 과제 중 하나는, 교회 전통에서 보수적 환원주의나 진보적 당혹감으로 인해 우리의 언명을 약화시킨 우리의 언명 방식에 대한 자신감을 회복하는 것이다.

'메시지'를 의미하는 명사 '복음'은 성경에서 '소식을 전하다'는 동사(히브리어로 한 단어 '비사르')와 연결되어 있다. 복음 전도 행위의 중심에는 전달된 메시지, 즉 이렇게 언급되는 순간까지 알려지지 않은 어떤 결정적인 사건에 대한 큰 소리의 언어적 단언이 있다. 당혹스러운 진보주의자를 포함하여 누구도 복음 전도의 핵심에 있는 이 간결하고 결정적인 단언을 피할 수 있는 길은 없다.

하지만 선포 행위는 실체가 없거나 맥락이 없지 않다. 나는 여기서 선포 자체가 세 부분으로 된 극적인 순서의 중간 단계라고 주장한다. 복음 전도란 '이름을 선포하는 것'일 뿐이라고 이해하는 환원주의적 보수주의자는 복음 전도를 충실하게 다룰 수 없다. 우리는 그 선포 배후에(이전에) 우리가 직접 접근할 수 없는 신화적인 규모의 '사건'이 있다는 점에 주목해야 한다. 또한 선포 이후에는 선포된 판결에 따라 모든 삶을 재정리하는 어렵고 힘든 작업이 뒤따른다.

따라서 복음 전도와 관련하여 여기서 제안하는 분류법은 분명 복음 전도에 대한 여러 가지 통속적 개념을 비판하고 거부하기 위한 것이다. 독자들은 이 분류법이 복음 전도에 대한 부주의하고 잘못된 우리의 관념과 관행을 많이 수용할 것이라고 속단하지 않아야 한다. 복음 전도에 대한 이러한 이해는 문화에 적응한 많은 그리스도인의 인식론에 대한 도전이다. 반대로, 이러한 이해는 이 세상의 긴급한 사회적 차원에서 벗어나 복음을 영성화하고 사유화한 그리스도인들의 교회적, 실용적 관행에 대한 도전이기도 하다.

❈ ❈ ❈

　오래전 미국 세인트루이스에서 비유와 같은 사건이 실제로 벌어졌다. 당시 세인트루이스 미식축구팀 카디널스는 관중들의 엄청난 야유를 받던 워싱턴 레드스킨스와 경기를 벌이고 있었고, 레드스킨스의 감독 조지 앨런도 심한 야유를 받았다. 레드스킨스가 6점 미만으로 앞서고 있는 상황에서 경기 종료가 다가오고 있을 즈음, 카디널스의 마지막 공격이 펼쳐졌다. 짐 하트는 엔드존에 있던 멜 그레이에게 패스했다. 공은 그레이의 손에 들어갔다가 잔디에 떨어졌다. 심판은 카디널스에게 승리를 안겨주는 터치다운을 선언했다. 그러나 엔드존 반대쪽에 있던 심판은 공을 떨어뜨린 불완전한 패스라는 판정을 보냈고 터치다운 실패를 선언했다. 둘 다일 수는 없었다. 그러나 두 심판은 다르게 봤다.
　엄청난 돈과 명성, 자존심, 전혀 다른 미래 등 많은 것이 걸려 있는 논란이 될 판정이었다. 여섯 심판은 미드필드에 모였다. 마치 지구의 '운명을 결정하는' 신들의 모임 같았다. 꽉 찬 경기장은 5분이 넘도록 쥐 죽은 듯 조용했다. "정말 조용하네요. 정말 조용해요. 놀라운 일이 아닐 수 없습니다." 아나운서조차 수다를 멈췄다. 그때 홈구장의 이점과 편파 판정을 인정하는 결정의 순간에 심판이 손을 들었다. 카디널스의 패스 성공, 터치다운, 승리였! 카디널스는 승리했고, 야유받던 레드스킨스는 패배했고, 조지 앨런은 마땅한 벌을 받았다. 정말 도덕적인 세상이다! 경기장과 언론, 도시가 미친 듯 열광했을 것임은 당신도 충분히 짐작할 것이다.

물론 나는 경기에서 뛰지 않았고, 경기를 직접 관람하지도 않았다. 나는 단지 라디오에 붙들려 있었을 뿐이었다. 나는 어떤 것도 직접 보지 못했다. 나는 내가 신뢰하던 해설자와 다른 아나운서의 신뢰성에 전적으로 의존했다. 나는 상상력을 가미하여 경기를 극적으로 전달하는 그들의 과장된 해설과 재구성을 귀 기울여 듣는 것이 좋았다. 나는 그들의 말을 곧이곧대로 받아들였고, 그들을 믿었고, 실제로 무슨 일이 일어났는지 확실히 알았다. 간접적으로 알게 되었지만, 그것으로 충분했다.

단지 간접적으로 접한 경기였지만, 그날의 경기는 변혁적인 사건이었다. 나는 곧바로 아들에게 전화를 걸어 아들도 그 소식을 알고 있는지 확인했다. 나는 팝콘을 더 먹었고, 세상 모든 일은 옳다고 확신하면서 활력을 되찾고 의기양양하게 연구실로 향했다. 세인트루이스 같은 승리의 도시에 살고 있다는 사실이 정말 기뻤다. 세인트루이스나 워싱턴에 사는 다른 이들은 보기에 따라 좋은 소식이기도 하고 나쁜 소식이기도 한 새로운 현실에 익숙해져 가고 있었다.

이런 편파적이고 평범한 이야기를 용서해 주기 바란다. 내가 이 이야기를 하는 이유는 이 이야기가 구원 드라마를 구성하는 모든 요소를 담고 있기 때문이다. 나는 터치다운 신호가 '복음 전도'의 선포

같은 것이라고 제안한다. 그 '사건'은 그와 같은 소식에 속한 요소들을 확인할 수 있는 길을 제공한다.

세 장면의 드라마

복음 전도는 드라마, 시작과 중간과 끝이 있는 내러티브 진술이다. 복음 전도는 고립된 사건이나 단순한 결단이 아니다. 많은 인물이 등장하는 하나의 과정이다. 드라마가 제대로 작동하기 위해, 각각의 등장인물은 적절한 역할을 수행해야 한다.

내러티브 형태로 된 이 드라마는 세 장면으로 구성되어 있다. 첫 번째 장면에서는 잔디 구장을 통제하고, 이익을 통제하고, 미래를 통제하기 위해 다투는 강력한 세력 간의 전투와 투쟁, 갈등이 있다. 드라마를 투쟁으로, 즉 전투와 싸움으로 이해하지 않는다면, 복음 전도는 납득이 되지 않는다. 내 이야기에서 전투는 카디널스와 레드스킨스, 조지 앨런 및 끊임없이 바뀌는 수많은 카디널스 코치 중 한 명과 관련 있다. 나 자신은 그 가장 중요한 이벤트에 참석하지도 않았다. 이 첫 번째 장면에는 싸움만이 아니라 그 자체로 모호할 수 있는 데이터에 대해 선명하고 단호한 판정을 내리는 제3자의 목소리(심판)가 있다. 우리는 패스를 했는데, 공이 떨어졌는지 아니면 공을 붙잡았는지 전달할 수 없다. 모호함을 기각하고 결과를 명확히 해 주는 판정이 있어야 한다. 그래서 경기장은 심판이 판정을 내릴 때까지 기다리는 침묵으로 가득하다. 점수가 나온 뒤에야 우리는 알 수 있다.

두 번째 장면에는 첫 번째 장면에 있지 않았던 인물이 추가로 등장한다. 바로 아나운서, 선포자, 증언하면서 자신이 목격한 결과를 전하는 증인이다. 이들 축구 아나운서의 말을 들어 보았다면, 그들이 흔해 빠진 진부한 표현을 사용할 때에도 여러분은 짜증을 내지 않을 것이다. 모든 아나운서는 진부한 표현을 사용하기 때문이다. 아나운서의 목표는, 현장에 없어서 아무것도 보지 못했지만 일어난 일을 간접적으로 받아들이는 사람들에게 믿을 만한 의미 있는 결과를 현재 시제로 전달하는 것이다.(나에게는 어린 시절 밤중에 가족들과 함께 라디오 주위에 둘러앉아 잡음 너머로 들려오는 해리 캐리의 고함 소리를 들었던 기억이 있다. 카디널 야구팀이 거둔 결과는 세인트루이스에서만큼이나 미주리주 블랙번에서도 중요했다).

한 곳에서 일어난 사건이 다른 곳에서도 결정적으로 중요하고, 한 시점에 얻은 승리가 다른 시점에도 계속 결정적으로 중요하다고 알리는 것이 메신저가 되는 것, 복음 전도자의 임무의 본질이다.[1] 한 시점에서 다른 시점으로, 한 곳에서 다른 곳으로 의미를 전달하는 것은 전적으로 아나운서의 역량과 신뢰성, 창의적인 예술적 능력에 달려 있다. 아나운서는 새로운 청취자들을 향해 다시 서술하고, 다시 구성하고, 다시 재연한다. 그날 레드스킨스와의 경기를 전하는 잭 벅의 말을 들었을 때, 나는 현장에 있었고, 패스가 성공하는 것을 보았고,

조지 앨런의 공개적인 굴욕을 정말 기뻐하면서 정면으로 목격했다고 상상했다.

세 번째 장면에서 아나운서는 마침내 말했고 청취자는 들었다. 갈등은 끝났고, 아나운서의 보도도 끝났다. 이제 청취자는 새로운 상황에 적절히 반응하여 새로 전해진 현실이 새로운 방식으로 삶을 재구성하게 해야 한다. 축구 경기에서 새로운 현실에 대한 반응은 사무실에서 내기 돈을 모으거나 내년도 시즌 표를 구입하거나 아이들을 데리고 나가 축구를 하면서, 짐 하트가 이제 젊은 미래의 모델과 환상이 되게 하는 것이다.

드라마의 사건은 현실을 바꾸어 놓았다. 갈등은 깨끗이 해결되고, 갈등은 믿을 만하게 전달되고, 갈등은 진지하게 전유된다. 경기 소식은 현장에 있지 않은 이들의 삶에도 영향을 미쳤다.

이 세 장면의 드라마는 완결되지 않았다. 각각의 장면은 틀림없이 끝없이 재현된다. 워싱턴 레드스킨스는 패배 상태에 머물지 않기 때문에, 실제적인 갈등이 일어나는 첫 장면은 항상 다시 반복되어야 한다. 한 번은 세인트루이스에서, 한 번은 워싱턴에서 해마다 승리를 다시 쟁취하고 다시 재현해야 하는데, 항상 '다음 해'가 있다. 게다가 조지 앨런은 세인트루이스에서 충분히 미움받는 상태로 머물지 않는다. 그 미움도 다시 재현되어야 한다. 선수와 코치, 팬, 아나운서는 영웅과 하찮은 선수에 대해 오래 추억하거나 불평하는데, 영웅과 별볼 일 없는 선수는 다시 반복해서 '재지명'되어야 한다. 매번 반복될 때마다, 경기 장면이 다시 완결될 때까지 결과는 계속 반복해서 위태로운 상황에 놓인다. 매번 완결될 때마다, 청중과 후원자들은 경기가 다음에 다시 벌어질 때까지 이것이 진짜 현실이라고 여긴다.

신뢰할 만한 전달과 선포라는 두 번째 장면은 결코 단 한 번만 이루어질 수 없다. 두 가지 이유에서 복제 과정이 필요하다. 먼저, 첫 번째 전달할 때 현장에 있지 않은 새로운 참여자가 항상 있기 때문에, 그 시간과 장소에서 벌어진 사건은 항상 새로운 시간과 장소로 다시 옮겨져야 한다. 아나운서는 다시 전달되는 사건이 매번 새롭게 다시 전달될 때마다 계속 변혁적인 의미를 갖는 사건이 된다는 것을 알고 있다. 끝없이 다시 전달하는 또 다른 이유는, 경기가 없는 비수기에도 아나운서는 계속 다시 전달하고, 더 나은 문구를 찾고, 더 미세한 뉘앙스를 파악하고, 더 나은 예술성을 고안하여, 매번 훨씬 큰 분별력과 훨씬 경이로운 신비를 곁들여, 원초적인 투쟁 사건에 재진입하고 다시 진입할 수 있기 때문이다. 어떤 아버지가 프로메테우스 같은 '실제 선수'가 있었던 사건을 자기 아들에게 '다시 전달하고' 싶지 않겠는가?

소식을 전유하는 세 번째 장면도 결코 완결되지 않는다. 진지한 청취자는 이 변혁적 소식이 처음에는 분명하지 않았던 다른 어떤 것에 영향을 미치지 않는지 보기 위해 계속 숙고하고, 검토하고, 탐색하고, 결정하고, 위험을 감수해야 한다. 축구 경기 승리의 파급 효과는 장기적으로 도시의 경제 발전과 호텔 건축, 항공 스케줄, 일자리

창출을 바꾸어 놓을 수도 있다. 동시에, 그러한 승리가 올바르게 전달된다면 아이들의 들뜬 마음은 야구를 떠나 축구로 향할 수도 있다. 매번 예술성을 가미하여 새로운 결과를 전달하는 아나운서는 이 소식이 어떠한 특이하고 까다로운 전유를 요구하는지 인식하지 못한다. 이어지는 글에서 나는 항상 완결되지 않은 이 세 개의 극적인 장면을 상세히 설명한 뒤 우리 자신의 복음 전도 관행을 위해 몇 가지 결론을 이끌어낼 것이다.

신학의 충돌

복음 전도의 첫 번째 장면은 우리 눈에 숨겨져 있고 우리가 직접 접근할 수 없는 신학적 갈등이다. 이 싸움은 우리의 시야 너머에 있고, 우리는 상상력이라는 긴 내러티브 과정을 통해서만 이 싸움에 접근할 수 있는데, 우리는 그것을 우주적 현실에 대한 투쟁적 표현으로 받아들인다. 우리는 존재론적으로 호소할 수 있는 단일한 규범적 표현을 전혀 갖고 있지 않다.[2] 우리는 논리적 우선순위를 전혀 갖지 않는 각양각색의 수많은 예술적 이야기들만 갖고 있다.

- 선 vs. 악
- 명(命) vs. 죽음

- 야훼 vs. 바로
- 예수 vs. 사탄, 죄, 죽음

이러한 대립은 모두 특정한 방식으로 현실을 형성하는 일련의 당파적인 기억과 은유, 상징을 따라 생생한 현실을 묘사하려는 대담한 시도다. 신앙 공동체가 제시하는 이런 특징적 표현에서 두 가지 문제가 쟁점이 된다. 한편으로, 우리는 사실 승리를 주장하기 원한다. 물론 이 소식은 기쁜 소식이다. 그런데 다른 한편으로, 승리를 주장하기 전에 우리는 갈등의 토대가 되는 은유를 확립해야 한다. 즉 세계의 형태와 통치, 미래를 결정하는 은밀하면서도 엄청난 싸움이 실제로 존재한다는 은유 말이다. 그 싸움은 우리에게 유리한 몇 가지 결정적 전환점을 가져다주었지만, 아직 최종적으로 완전히 해결된 것은 아니다.

성경은 이 갈등과 승리의 드라마를 지배하는 한 가지 사건이 아니라, 여러 가지 대안적 재현과 재서술을 우리에게 제시하는데, 각각의 재현과 재서술은 다른 것만큼 중요하다. 나는 각각의 본문이나 모든 본문이 여기에 요약된 극적인 순서를 따른다고 주장하지 않는다. 나는 단지 이 분류법이 성경에 나오는 하나의 지배적인 패턴이라고 주장한다. 이 패턴화 작업은 두 가지 측면에서 중요하다. 한편으로, 이 패턴은 더 방대한 본문의 결정적 전환점에서 반복되는 것처럼 보인다. 다른 한편으로, 이 본문들은 유대교와 기독교의 해석 공동체가 특징적으로 성경의 신학적 '알맹이'에서 결정적인 것이라고 취급하는 본문들이다. 나는 이 기준을 벗어난 많은 본문이 있고, 이 기준을 직접적으로 논박하는 본문도 여럿 있다고 순순히 인정한다. (내가 기꺼이 행하려고 하는) '정경적 읽기' 비슷한 것을 실천하는 신앙 공동체에서, 이 동일한 본문들은 성경에서 최고의 권위, 사용과 확신을 통해 확립된 권위를 행사한다. 따라서 나의 발표는 옹호 행위이지 무심한 중립적 행위가 아니다. 내가 보기에, 이것은 이들 신앙 공동체의 실천과 일치하는 옹호다. 이 본문들에 대한 나의 인식은 이렇게 대략 합의된 사용 방식과 확신을 따른다. 첫 번째 장면, 즉 미래를 지배하기 위해 강한 세력들이 싸우는 갈등 장면의 몇 가지 변형을 생각해 보자. 이 장면은 그 이후의 모든 것에 결정적인 영향을 미친다. 이 장면은 동시에 복음 전도라는 전반적인 주제에서 가장 까다로운 장면이다.

이 첫 번째 장면에 관한 한 가지 서술은 이 갈등이 신들 가운데서 일어난 투쟁, 즉 생명의 하나님과 강력한 죽음의 신들 사이의 투쟁이라는 것이다. 이와 같은 이야기는 성경 배후의 오래된 신화와 나중에 발전된 성경 묵시에 나온다.[3] 이것은 가장 본질적이고 포괄적이며 원시적인 첫 번째 장면의 서술이다. 신들 사이에 전투 혹은 경쟁이 벌어진다. 뒤이어 흡사 축구 심판들이 부쉬 경기장에서 판정하듯이, 싸움에 대해 판정하는 신들의 회의가 있다. 더 큰 신들의 관람석은 판정과 싸움의 결과를 기다린다.

판정이 내려질 때까지 하늘에는 정적이 흐르는데, 마치 올림픽 경기에서 아이스 스케이팅 경기가 끝난 후 기다리는 것과 아주 비슷하다. 그런 다음 몇몇 신들의 표결이 이루어지는데, 심판들의 점수는 9.6, 9.4, 8.9, 4.3이고, 야훼의 점수는 9.1이다. 관람석은 박수로 가득하다. 이스라엘의 이야기에서 야훼는 승자로 선언된다.

> 여호와는 위대하시니 지극히 찬양할 것이요
>   모든 신들보다 경외할 것임이여
> 만국의 모든 신들은 우상들이지만
>   여호와께서는 하늘을 지으셨음이로다
> 존귀와 위엄이 그의 앞에 있으며
>   능력과 아름다움이 그의 성소에 있도다. (시 96:4-6)

제전 관리자들이 판정을 발표하고, 세상은 야훼의 통치에 새롭게 맡겨진다.

동일한 갈등 소식을 전하는 두 번째 이야기는 출애굽 내러티브다. 이제 투쟁은 정치적 현실에 침투한다. 야훼와 바로, 자유의 보장자 대 사회적 억압의 군주 사이의 갈등이다. 이 전투는 모세가 대리권을 행사하는 일련의 재난으로 실행되지만, 자유를 향한 야훼의 의지가 내러티브의 원동력이다. 내러티브를 따라갈 때, 결과는 맨 마지막까지, 해변에 즐비한 이집트인들의 주검을 볼 때까지 분명하지 않다(출 14:30-31). 그 뒤에야 우리는 제국의 잔혹한 권력이 패배했음을 알게 된다.

우리는 이스라엘이 기뻐하면서 이 위대한 승리를 가능한 한 아주 상세하고 감동적으로 전하고 다시 전했던 것을 시를 통해 볼 수 있다. 모세는 이렇게 노래한다.

> 그가 바로의 병거와 그의 군대를 바다에 던지시니
> 　최고의 지휘관들이 홍해에 잠겼고
> 깊은 물이 그들을 덮으니
> 　그들이 돌처럼 깊음 속에 가라앉았도다
> 여호와여 주의 오른손이 권능으로 영광을 나타내시니이다
> 　여호와여 주의 오른손이 원수를 부수시니이다
> 주께서 주의 큰 위엄으로 주를 거스르는 자를 엎으시니이다
> 　주께서 진노를 발하시니 그 진노가 그들을 지푸라기같이 사르니이다
> 주의 콧김에 물이 쌓이되
> 　파도가 언덕같이 일어서고
> 　큰 물이 바다 가운데 엉기니이다
> 원수가 말하기를 내가 뒤쫓아 따라잡아 탈취물을 나누리라,
> 　내가 그들로 말미암아 내 욕망을 채우리라,
> 　내가 내 칼을 빼리니 내 손이 그들을 멸하리라 하였으나
> 주께서 바람을 일으키시매 바다가 그들을 덮으니
> 　그들이 거센 물에 납같이 잠겼나이다. (출 15:4-10)

바로와 제국, 불의가 이스라엘의 시야에서 완전히 무력해졌다는 마무리 영광송에서 승리가 명확히 선포된다.

여호와께서 영원무궁하도록 다스리시도다. (18절)

이 기본적인 갈등과 승리에 대한 세 번째 재서술은 바빌론의 포로들 가운데 나온다. 바빌론의 억압적 권력은 도전 상대가 없는 것 같았다. 하지만 유배의 역사적 경험은 시인에 의해 바빌론의 신들과 야훼의 힘 사이의 갈등을 다루는 예전적 드라마로 재구성된다. 반복하지만, 결코 동등한 경쟁이 아니다. 야훼는 힘과 온유함으로 갈등에 들어오신다.

보라 주 여호와께서 장차 강한 자로 임하실 것이요
    친히 그의 팔로 다스리실 것이라
보라 상급이 그에게 있고
    보응이 그의 앞에 있으며
그는 목자같이 양 떼를 먹이시며
    어린양을 그 팔로 모아
품에 안으시며
    젖 먹이는 암컷들을 온순히 인도하시리로다. (사 40:10-11)

혹은 이 은유는 시인에 의해 법정 은유로 바뀐다. 야훼는 다른 신들을 법정으로 데려가서 자기 자신에 대해 설명하도록 요청하신다. 하지만 그들은 우둔하고 말이 없고 무력하다.

나 여호와가 말하노니 너희 우상들은 소송하라
    야곱의 왕이 말하노니 너희는 확실한 증거를 보이라
장차 당할 일을
    우리에게 진술하라
또 이전 일이 어떠한 것도 알게 하라
    우리가 마음에 두고
    그 결말을 알아보리라
    혹 앞으로 올 일을 듣게 하며
뒤에 올 일을 알게 하라
    그리하면 너희가 신들인 줄 우리가 알리라
    또 복을 내리든지 재난을 내리든지 하라
    우리가 함께 보고 놀라리라
보라 너희는 아무것도 아니며
    너희 일은 허망하며
    너희를 택한 자는 가증하니라. (사 41:21-24)

이 재서술에서 재판의 결과는 제국의 권력이 사라지는 것이다. 야훼의 권위는 모호하지 않고 분명하다. 전투는 결정적으로 끝났기 때문에, 자유와 정의와 귀환의 주님이 활동하고 계신다. 다른 신들은 권좌에서 쫓겨나고, 권력을 완전히 확립한 야훼는 갈등을 끝내고 등장하신다.

네 번째 재서술은 로마 제국의 깊고 억압적인 절망과 유대교의 강력한 메시아 희망의 갈등이다. 당연히 로마가 더 강력해 보였다. 로마 제국은 헤롯을 도구로 내세워 어떠한 경제 개혁이나 정치 변화도 차단할 수 있었기 때문이다. 물론 가난한 자들은 제국의 정책으로 인해 가장 심각한 타격을 입었다. 누가복음의 성탄절 이야기에 등장하는 목자들은 권리를 박탈당해 아무것도 갖지 못하고 희망도 전혀 없이 절망에 빠져 있던 소외된 자들의 상징이다. 그런데 예상 밖의 대담한 새로운 시작으로 인해 운명이 그들에게 정한 결말은 혼란에 빠진다. 시인들은 '구원하다'라는 이름을 가진 이 연약한 아기로 인해 절망과 무력화의 힘이 완전히 깨질 것이라고 대담하게 상상한다. 헤롯의 두렵고 잔인한 권력은 산산이 부서질 것이다. 마태복음의 이야기는 헤롯의 광적인 반응을 전하지만(마 2:13), 드러나지 않은 사건은 이 우주적 경쟁에서 헤롯이 이길 가망은 전혀 없다고 대담하게 선언한다. 이 누추한 절망적 실패의 장면 속으로 천사들의 선명한 목소리가 들어온다. 천사들은 축구 경기 심판처럼 애매한 증거를 판정하고 새로운 아기의 판정과 승리를 노래한다(눅 2:10-14).

(여러 가지 변형된 형태 중 하나인) 다섯 번째 재서술은 일상적이고 평범하다. 예수님은 소경 바디매오에게 오신다(막 10:46-52). 이야기를 어떻게 듣는지 아는 이들을 제외하고, 이 내러티브에 우주적이거나 세계적인 것은 아무것도 없다. 사실 마지막 희망에 다다른 이 불쌍한 맹인에게는 이 한 번의 대면에 모든 우주적 위험이 담겨 있다. 이 순간, 모든 절망과 어둠과 파괴의 힘은 이제 이 생명의 운반자이신 주님을 대면한다. 남자는 단지 "자비를 베푸소서"라고 말한다. 동료들은 그의 입을 막으려고 한다. 맹인은 "다시 볼 수 있게 해 주소서"라고 말한다. 예수님은 "네 믿음이 너를 낫게 하였으니 이제 가라"고 대답하신다. 남자는 이제 볼 수 있다. 그의 세상은 변화되었다. 실명의 권능이 극복된다. 그의 세계는 새로운 통치 아래 있다. 물론 우리는 그런 치유는 불가능하다고 생각했다. 바로와 헤롯, 실명, 죽음을 신뢰했을 때, 우리는 언제나 치유는 불가능하다고 생각한다. 하지만 이 내러티브에서 그런 낡은 전제와 지겨운 범주는 산산이 부서지고 새로운 통치가 등장한다!

복음에 있어서 매우 결정적인 여섯 번째 재서술은 부활절의 기적이다. 교회의 부활절 선포가 창조와 출애굽에서 제기된 우주적이고 신화적인 주장과 다르지 않은 우주적이고 신화적인 주장으로 채워져 있다는 것은 의심의 여지가 없다. 부활절의 기적은 단순히 빈 무덤이나 소생에 관한 것이 아니다. 부활절의 기적은 오히려 하나님이 죽음의 권세와 전투를 벌이셨다는 것이다. 고린도전서 15장에서 바울은 가장 오래된 교회의 공통 단언에 근거하여 이렇게 주장한다.

> 맨 나중에 멸망받을 원수는 사망이니라 [하나님은] 만물을 그의 발 아래에 두셨다 하셨으니. (고전 15:26-27a)

바울이 채택한 이 최초의 신앙고백은 이제 모든 피조물이 하나님의 선하고 기쁜 피조물로 생명을 위해 해방되었다고 주장한다. 죽음에 대해 거둔 승리는 숨겨져 있다. 우리 중 누구도, 이 고대의 증인 중 누구도 그 숨겨진 토요일에 무슨 일이 일어났는지 보지 못했기 때문이다. 우리는 단지 그 비밀스러운 싸움에서 모든 것이 변화했다는 것만 알고 있다. 새 생명은 실제로 가능하다.

바울에게 고전적인 일곱 번째 재서술은 율법의 행위와 사망 권세의 갈등, 그리고 하나님의 은혜로 말미암는 정당성 인정의 선물이다. 이 이야기는 우리에게 너무 익숙하기 때문에, 우리는 법정 은유가 투쟁적이라는 것, 즉 바로나 바빌로니아인들과의 대결이 적대적인 것처럼 정의는 적대적인 과정임을 알아채지 못한다. 바울에 따르면, 이 예수님 안에서 법정은 바뀌었다. 유죄는 새로운 기준에 따라 판단되고 옛 판결은 폐기된다. 바로와 느부갓네살, 헤롯으로부터의 해방을 반향하는 무죄 판결, 사면, 그리고 죄책감과 율법, 죽음의 권세로부터의 해방이 존재한다.

이 모든 재서술, 여러 번 반복되는 서술과 재서술에서 단 하나의 규범적인 이야기는 존재하지 않는다는 점에 유의하자. 모든 서술은 서로 다른 방식으로 심오한 다툼과 놀라운 결과에 관심을 갖는다. 우리 중 누구도 혹은 우리 현대인 중 누구도 다툼과 결과가 일어나던 순간에 있지 않았다는 점에 유의하자. 분쟁과 결과는 우리가 있지 않았던 곳에서, 우리가 있지 않았던 때에 일어났다. 이것들은 세상에서 하나님의 생명 이야기에 대한 여러 번의 재서술이다. 이런 서술은 다신교, 즉 경쟁하고 갈등하는 권력을 가정한다.

더 나아가 이 많은 재서술에서 승리의 놀라운 결과는 항상 단순히 메아리나 복제가 아니라 매번 새롭게 결정된 경쟁으로 쟁취되고, 다시 쟁취되고, 반복해서 쟁취되어야 한다. 매번 그 싸움은 어느 쪽으로도 진행될 수 있다. 이 첫 번째 장면에서 성경에는 엄청난 현실주의가 존재한다. 성경의 현실주의는 끊임없이 하나님의 패배를 구하는 악의 회복 능력을 인정한다.[4] 악의 회복력은 아직 완전히 무너지지 않았다. 그 과정에서 전투만 벌어졌고, 우리는 그 전투에서 자신감을 얻는다. 복음 전도의 첫 번째 장면은 우리의 미래와 세상의 미래의 통치가 위험에 처하는 이 숨겨진 싸움의 여러 가지 단계로 구성된다. 매번 이야기를 재진술하면서, 우리는 모호한 데이터를 기각하는 명확한 판결을 다시 한번 확신한다. 하지만 그 명확한 판결은 완결되지 않았기 때문에, 더 많은 이야기 서술과 재현, 더 많은 다툼과 결과가 필요할 것이다. 갈등은 아직 완결되지 않았고 결정적으로 해소되지 않았기 때문이다. 우리는 매번 다시 서술하고, 매번 승리를 거둘 때마다 우리는 그것이 궁극적인 이야기 서술 혹은 궁극적인 승리라고 상상한다. 하지만 우리의 경험에는 항상 또 다른 서술, 또 다른 판정, 또 다른 기적이 필요하다. '또 다른'이 없다면, 우리는 죽는다.

승리의 선언

복음 전도 드라마의 두 번째 장면에는 이러한 투쟁과 결과를 대담하고 예술적으로 표현하는 일을 자신들의 임무로 삼는 아나운서와 메신저, 전도자의 목소리가 있다. 아나운서의 임무는 현장에 있지 않았던 사람들이 분쟁과 결과를 신뢰하며 효과적으로 사용할 수 있도록 만드는 것이다. 아나운서는 수사적 용기를 발휘하여 그곳의 결과가 여기서 어떻게 중요한지, 그때의 판정이 어떻게 지금 중요한지 보여줄 수 있는 사람들이다. 소식은 메신저를 통해 전달되고, 특성상 '즉각적'이지 않다는 점에 유의하자. 소식은 지금 일어나는 현재 시제의 일로 직접 경험되지 못하지만, 소식은 전달된다. 우리는 자신이 직접 경험하지 못한 현실을 재구성하기 위해 아나운서의 증언에 전적으로 의존한다.

신들 사이의 예전에서 아나운서의 정체는 드러나지 않는다. 그것은 본문의 목소리이지만, 본문은 하늘의 사자, 즉 천사들에게 지시하는 것처럼 보인다. 그것은 분명 우주적 갈등의 장소로부터 멀리 떨어진 지상에 있는 인간의 공적 삶의 무대를 향해 외치는 목소리다. 따라서 본문은 이렇게 가르친다.

> 모든 나라 가운데서 "여호와께서 왕이시다!"고 말하라. (시 96:10)

새로운 정부에 의해 승인된 이 선언은 성공을 거둔 정치 쿠데타의 선언과 비슷하다. 이는 신들 사이에서 이미 발생한 일에 대한 보고이고, 그 결과 모든 신 가운데서 야훼를 경외하고 존경하며 순종해야 한다. 그 사건은 이미 발생한 결정적인 사건이었다. 하지만 화자가 말을 할 때만 열방은 결과를 알 수 있다. 그들은 다른 시간과 장소에서 온 '복음'을 받았다. 메신저는 이제 세계가 새로운 정부의 통치 아래 있다고 선언한다. 이 선언은 권력 찬탈로 널리 인식되었던 헤이그 장관의 땀에 젖은 선언, "내가 이곳의 책임자다!"와 다르지 않다. 복음은 하나님이 또 다른 영역에서 권력을 장악하셨다는 선언이다.

출애굽 사건에서 야훼와 제국의 신들 사이의 전투로 인해 노예들은 자유롭게 가도록 허락받았다. 그 결과에 대한 메시지는 소고를 들고 새로운 현실을 춤추며 맞이하던 미리암을 비롯한 다른 여성들에 의해 전달된다.

> 너희는 여호와를 찬송하라 그는 높고 영화로우심이요

말과 그 탄 자를 바다에 던지셨음이로다. (출 15:21b)

이 춤을 보고 듣는 모든 사람은 이제 미리암이 노래하는 변화된 공적 현실에 접근할 수 있다. 군사력의 상징인 말과 기수가 바닷속에 던져졌고 제국의 권력은 무너졌다는 기쁜 소식이 전해진다. 삶은 새로운 양식의 권력과 사회적 관계로 재구성될 수 있다. 노래하는 여성들은 바로를 패배시킨 하나님의 승리를 직접 목격하지 못한 사람들에게 결과를 전달한다.

포로기 이사야의 위기에 대한 해석에서, 우리는 야훼께서 언제, 어디서 바빌로니아를 물리치셨는지 정확히 듣지 못한다. 패배는 시인의 법정 소송 시나리오에서 발생했고(예, 사 41:21-29), 고레스와 페르시아인들이 공적으로 도착했을 때에도 일어났다(참조. 41:25, 43:14, 44:28, 45:1). 그런데 패배 사건이 일어났을 때, 신원 미상의 메신저가 판결문과 메시지를 가지고 온다. 그 메신저는 이 소식을 들고 바빌론에서부터 예루살렘까지 줄곧 달려왔다.

> 좋은 소식을 전하며 평화를 공포하며
> 　복된 좋은 소식을 가져오며 구원을 공포하며
> 시온을 향하여 이르기를 네 하나님이 통치하신다 하는 자의
> 　산을 넘는 발이 어찌 그리 아름다운가. (사 52:7)

그는 숨을 헐떡이고 달리면서 간신히 "네 하나님이 통치하신다"고 말할 수 있다(52:7). 그의 메시지는 시편 96:10에서 가져온 인용이다. 메신저는 싸움의 결과를 선언한다. 그렇게 함으로써 메신저는 다른 곳에서 일어난 일이 영향력을 발휘하여 이곳의 사회적 현실을 변화시키게 한다. 하지만 승리의 결과가 효과적으로 전달되어 들을 수 있을 때에만 하나님의 승리는 여기를 결정적으로 변화시키는 능력을 갖는다. 바벨론의 권력이 무너졌기 때문에, 그것을 언급하는 순간 예루살렘은 자유로울 수 있다. 하지만 메신저가 도착할 때까지 예루살렘은 새로운 현실을 알지 못하고 그것에 근거하여 행동할 수 없다.

유의하자. 하나님의 승리가 그 자체로 복음의 드라마를 형성하는 것은 아니다. 이야기를 서술하고 다시 서술하는 것은 승리 자체와 혼동되지 않아야 하는 별개의 행위다. 이야기 서술은 승리를 낳고, 승리를 재현하고, 가능하게 만드는 별개의 행위다. 이스라엘 백성이 바빌론의 패배 소식을 듣기 전까지, 바빌론이 패배했다는 것은 전혀 중요하지 않았다.

누가복음 2장의 기독교 내러티브에서, 천사들의 선포 배후에 있는 야훼의 승리에 접근할 수 있는 권한은 우리에게 주어지지 않는다. 우리는 천사 가브리엘이 엘리사벳과 마리아를 방문하여 아이의 탄생과 그 우주적 의미에 대해 말했다는 내용만 들을 뿐이다. 내러티브 자체의 구성은 불길한 조짐을 드러낸다. 한편으로, 전체 출생 과정은 '헤롯 때에' 일어났다. 다른 한편으로, 천사의 이름은 가브리엘,

즉 '하나님의 강한 전사'다. 따라서 이 내러티브의 쟁점은 동정녀 탄생에 관한 것이 아니다. 핵심 쟁점은 헤롯의 권력과 가브리엘의 대항권력(counter-power) 사이에, 죽음의 신과 새 생명을 위한 야훼의 힘 사이에 있다.

천사 메신저가 메시지를 선포한다.

> 천사가 이르되 무서워하지 말라 보라 내가 온 백성에게 미칠 큰 기쁨의 좋은 소식을 너희에게 전하노라 오늘 다윗의 동네에 너희를 위하여 구주가 나셨으니 곧 그리스도 주시니라 너희가 가서 강보에 싸여 구유에 뉘어 있는 아기를 보리니 이것이 너희에게 표적이니라 하더니. (눅 2:10-12)

뒤이어 하늘에 있는 가브리엘 합창단(군대)에 속한 모든 동료들이 다 같이 승리와 결과를 노래하면서 선포한다.

> 지극히 높은 곳에서는 하나님께 영광이요 땅에서는 하나님이 기뻐하신 사람들 중에 평화로다. (14절)

기쁜 소식은 빠르게 퍼진다. 변혁적인 사건은 내러티브 너머에 있는 다른 곳에서 일어났다. 우리는 왕이신 예수님이 어떻게 권좌에 올

랐는지 듣지 못했다. 어쨌든 그 결과는 목자들이 있던 들판으로 메신저와 전달자에 의해 전달된다. 목자들은 자신들의 개입이나 동의, 협력 없이 현실이 결정적으로 바뀌었다는 사실을 전혀 인식하지 못하고 있다. 그들은 자신들에게 영향을 미치는 결정적인 변화가 일어났다는 소식을 받기만 할 뿐이다.

바디매오 내러티브에서, 예수님의 여러 가지 변혁적 개입과 마찬가지로, 사건이 메시지로 바뀌는 전환은 한층 더 직접적이다. 하지만 이 내러티브에서도 우리는 드라마의 동일한 구조를 볼 수 있다. 바디매오는 볼 수 있게 해 달라고 요청했다. 예수님은 자기 입으로 직접 기쁜 소식의 메시지를 전달하신다. 예수님은 이렇게 말씀하신다.

네 믿음이 너를 구원하였느니라(막 10:52).

내가 제안하는 모델을 강요하고 싶지 않지만, 우리는 이 말씀이 무엇을 의도하는지 질문할 수 있다. 신학적으로 생각할 때, 예수님은 바디매오도 우리도 모르는 사이에 하나님이 눈멂의 권세와의 전투를 벌이셨다고 선언하신다는 것이 나의 제안이다. 예수님은 아무 일도 하지 않으신다. 그분은 선포자, 복음 전도자시다. 그분은 다른 곳에서 일어난 새로운 현실을 전달하실 뿐이다.

부활절 내러티브에서, 소식은 갑작스럽고 엄청나다. "그는 사흘 만에 다시 살아나셨다"(고전 15:4). 이것은 이 소식에 대한 교회의 가장 오래된 표현이다. 고린도의 신앙고백에서 우리는 이렇게 증언하는 것이 누구의 목소리인지 알지 못한다. 이것은 교회에서 가장 오래된 원초적 목소리, 무덤에 있던 여인들의 목소리, 베드로의 목소리, 예수님이 사랑하시는 제자의 목소리, 엠마오로 가는 길에 있던 두 제자의 목소리, 위에 나온 목소리 전부다. 바울은 이 소식을 전하는 증인들의 이름을 언급하고(5-7절), 마지막으로 자신을 "사도라 칭함받기를 감당하지 못할 자"(9절)라고 부른다. 이 증인들은 한목소리로 말한다. 그리스도께서 죽은 자 가운데서 살아나셨다(20절). 증인들은 승리의 현장에 있지 않았지만, 우리는 그들의 설명에 의존한다. 그들이 말할 때, 세상은 결정적으로 변화된다. 그래서 가장 최근의 증인인 바울은 "우리 주 예수 그리스도로 말미암아 우리에게 승리를 주시는 하나님께 감사한다"고 결론을 맺는다(57절).

바울의 신학은 사망 권세를 이긴 하나님의 승리에 대한 성찰이다. 그 승리는 예수님 안에서 일어났다. 바울은 예수님 안에서 발생한 현실을 언급하기 위해 많은 은유를 사용해야 한다. 그런데 지금 우리가 관심을 갖는 것은 바울이 사도라는 점이다(롬 1:1, 5; 갈 1:1).[5] 바울은 보냄을 받은 자이고, 이방인에게 보냄을 받은 자이다. 그는 이미 확정된 신학적 판결, 즉 다른 곳에서 이미 재현된 변혁을 선포하고, 알리고, 중재하기 위해 보냄을 받았다. 바울의 메시지는 바울 자신의 지평 너머에 있는 변혁적 사건을 가리킨다. 그런데도 바울은 시적으로 고양된 가운데 이렇게 단언할 수 있다.

내가 확신하노니 사망이나 생명이나 천사들이나 권세자들이나 현재 일이나 장래 일이나 능력이나 높음이나 깊음이나 다른 어떤 피조물이라도 우리를 우리 주 그리스도 예수 안에 있는 하나님의 사랑에서 끊을 수 없으리라. (롬 8:38-39)

이 모든 것은 교회가 바울에게서 받은 것이다. 교회는 바울의 메시지를 받았고, 그가 복음을 통해 증거하는 변혁은 다른 곳에서 일어났지만, 고린도와 로마와 갈라디아의 지금 여기에서 결정적으로 중요하다.

삶 속의 전유

첫 번째 장면은 우리가 직접 접근할 수 없는 결정적인 전투다. 두 번째 장면은 승리와 결과를 중재하여 새로운 시간과 장소에서 효과를 낳는 선언이다. 세 번째 장면은 소식의 수용과 반응, 즉 이제 선포된 새로운 현실을 삶 속에 전유하는 것이다. 이 세 번째 장면은 여러 기사에서 결과가 훨씬 유동적이다. 수용과 반응, 전유는 강요되거나 프로그램화되거나 예고될 수 없기 때문이다.

변화된 현실에 관한 소식이 자신들의 삶의 다양한 측면에 닿고,

스며들고, 포화되게 하면서 오랜 시간을 보낸 사람들은 메시지를 다양하게 받아들인다. 삶 속의 전유는 쉽거나 분명하지 않다. 그렇게 하려면 지금 선포된 새로운 승리자에게 우리 삶에 대한 통치를 양도해야 하기 때문이다. 새로운 통치가 무엇을 수반하는지 모르기 때문에, 양도는 두렵다. 게다가 옛 통치권이 완전히 무너졌다는 것도 분명하지 않다. 따라서 우리의 반응은 두려움과 머뭇거림, 강한 아쉬움 등 여러 가지가 혼합되어 있고, 가끔 거리낌으로 표현되기도 한다.

시편 96:10("여호와가 왕이시다!")의 복음, 신들 가운데서 얻은 승리에서 울려 퍼진 메시지에 대한 열방의 반응은 열광적인 찬송과 감사다. 만약 여러분이 나무나 산이나 바다라면, 복음에 어떻게 응답하겠는가? 그들은 복음의 소식을 이렇게 받아들였다.

> 하늘은 기뻐하고 땅은 즐거워하며
>   바다와 거기에 충만한 것이 외치고
>   밭과 그 가운데에 있는 모든 것은 즐거워할지로다
> 그 때 숲의 모든 나무들이 여호와 앞에서 즐거이 노래하리니
>   그가 임하시되
>   땅을 심판하러 임하실 것임이라(시 96:11-13a).

바다는 크게 소리치며 복음의 메시지를 인정한다. 바다는 죽음의 신들의 오염으로 거의 죽다시피 했기 때문이다. 이제 바다는 그 소식

을 믿고 오염이 종식될 것을 알고 있다. 나무들은 새로운 통치에 박수를 보냈다. 나무들은 죽음의 전기톱 소리를 듣고 모든 나무가 베어질 것이라고 생각했기 때문이다. 이제 나무들은 안전하고 합당한 열매를 맺을 수 있다. 밭은 춤을 춘다. 밭은 화학 비료로 인해 거의 질식할 뻔했기 때문이다. 이제 밭은 그 자체로 중요하게 다루어질 수 있다. 기쁜 소식은 (이집트의 노예처럼 고통 속에 신음하던) 모든 피조물이 야훼의 승리로 인해 이제 해방되었다는 것이다. 모든 피조물은 이제 피조물의 최고의 보호자요 보증인이신 창조주의 의도대로 기능하면서 최고의 진정한 자신이 될 수 있는 권한을 부여받는다. 이 소식은 죽음의 신들의 권세가 결정적으로 무너졌다고 보증한다.

출애굽 복음의 삶 속 전유는 성경에서 가장 많이 발전된 주제에 속한다. 미리암과 해방된 여인들은 노래 부르기를 마쳤다. 시내산까지 힘든 길을 지나온 이스라엘은 시내산에서 바로의 제국을 상대로 거두신 야훼의 승리의 복음이 만들어낸 새로운 세상을 마주했다. 이스라엘은 제국의 낡은 사회적 관계 양식이 복음이 낳은 이 새로운 세계에서 통하지 않는다는 것을 뜻밖의 방법을 통해 깨달았다.[6] 시내산에서 이스라엘은 계명, 즉 복음 안의 새로운 삶을 위한 요구 조건과 허용 사항을 받았다. 언약 공동체를 위한 실무 문서인 십계명은 예배와 여가 시간, 성, 경제, 정치적이고 사법적인 관계 등 이스라엘의 모든 삶의 국면에 영향을 미친다. 이스라엘의 공적 삶의 어떤 측면도 시내산에서 이루어진 야훼의 재규정에서 제외되지 않았다. 복음의 전유는 새로운 주권자의 통치에 따라 인간의 삶의 특성을 재규정하고 공적이고 사적인 영역에서 인간의 권력과 자원을 재구성하는 것과 관련 있다.

소식을 전유하는 과제는 끝이 없는 과제다. 따라서 이스라엘의 토라는 계속되는 재논의와 재해석을 통해 조율이 가능하다.[7] 모세는 언제나 이스라엘에게 줄 해석적 설명을 하나 더 가지고 있다. 시내산을 떠나고 오랜 후에 이스라엘은 약속의 땅을 받을 준비를 하고 요단강에 도착한다. 이것은 이스라엘이 기다려온 순간이고 이스라엘은 이 순간을 위해 제국을 떠났다. 요단강에서 이스라엘이 신명기의 서른네 장을 받기 위해 잠시 멈추어 있는 동안, 모세는 약속의 땅이 언약적 가능성의 땅이라고 한 번 더 재확인했다. 모세는 강자와 약자가 공동의 짐과 공동의 운명으로 서로 묶여 결속되어 있다는 점을 이스라엘에게 거듭 반복해서 상기시켰다. 그 공동의 결속이 존중되고 재현되지 않는다면, 그 땅은 몰수될 것이고 이스라엘은 결국 노예 상태로 돌아갈 것이다. 야훼의 승리와 제국의 패배는 생산과 분배, 소비의 언약적 사회 관계를 가능한 것으로 만들 뿐만 아니라 시급하고 필연적인 것으로 만든다.

포로기 이스라엘에서 복음의 전유에는 길고 힘든 노력이 필요했다. 아름다운 발걸음으로 걸어온 메신저는 "네 하나님이 통치하신다"고 단언했다(사 52:7). 이 소식의 첫 수용은 기쁨으로 노래하는 것이다(사 52:8-9). 그런 다음 포로기 이스라엘에게 "너희는 떠날지어다

떠날지어다 거기서 나오라"는 공식 허가가 주어진다(사 52:11). 유배된 이스라엘 백성은 바빌론이라는 명확한 세계를 자유롭게 떠나 자신들의 본래 장소, 자신들의 고유한 사회적 정의와 관행으로 돌아간다. 복음은 사람들이 소외와 유랑에서 벗어나 집으로 돌아가도록 허용한다. 하지만 집으로 돌아가는 것은 까다롭고 힘든 일이다. 이스라엘은 옛 고향으로 돌아갈 수 없고, 우리 중 누구라도 마찬가지다. 우리가 알던 옛 고향은 더 이상 존재하지 않기 때문이다. 복음은 새로운 고향으로 돌아가라고 요구하고 허용한다. 이사야 56-66장은 하나님의 놀라운 해방의 빛 속에서 이스라엘의 귀향의 비전을 제시한다. 이스라엘이 이사야 40-55장의 소식을 전유하기 위해서 이사야 56-66장에서 주장한 공동체를 건설하고 사회적 관계의 구조를 재구성하는 힘든 노력이 필요했다. 공동체 건설 작업은 초기의 서정적 노래에서 예상했던 것보다 훨씬 어렵고 까다로운 것으로 밝혀졌다.

포로민의 귀환에 관한 이사야서의 본문은 복음의 전유라는 핵심 결단으로 시작된다. 이스라엘이 복음의 소식의 수용과 관련하여 가장 먼저 해야 할 말은 이것이다.

여호와께서 이와 같이 말씀하시기를
너희는 정의를 지키며 의를 행하라
이는 나의 구원이 가까이 왔고
나의 공의가 나타날 것임이라 하셨도다. (사 56:1)

나는 복음을 삶 속에 전유할 때 직면하고 다짐해야 하는 두 가지 결단에 대해서만 언급할 것이다. 바로 정의와 의와 관련된 결단이다.

먼저, 이사야 56장에서 귀환한 이스라엘은 필연적으로 모든 외국인과 내시를 환대하는 포용적인 공동체가 되어야 하고, "만민"(7절)을 위한 예배가 되어야 한다고 결정했다. 그와 같은 사람들은 "우리와 같지" 않다는 이유로, 성적인 결격 사유가 있다는 이유로, 억압적인 제국과 동맹을 맺었다는 이유로, 자격을 박탈당했다는 강력한 주장이 있었다. 적어도 이 본문에서는 대안적 사회의 더 큰 비전이 우세했고, 그 큰 비전을 공유하기 원하는 모든 사람이 공동체로 초대되었다.

둘째, 이사야 58장에는 종교적 거리낌으로 인한 갈등이 있다. 본문에서 촉구하는 것은 복음에 비추어 요구되는 종교와 경건은 본질적으로 약자의 필요와 복지에 강자가 관심을 기울이는 이웃 사랑의 실천이다. 종교적 목소리가 어떻게 불가피하게 책임과 권리 회복(entitlement)에 대한 정치-경제적 질문으로 넘어가는지 유의하자.

> 내가 기뻐하는 금식은
> > 흉악의 결박을 풀어 주며
> > 멍에의 줄을 끌러 주며
> > 압제당하는 자를 자유하게 하며
> > 모든 멍에를 꺾는 것이 아니겠느냐

또 주린 자에게 네 양식을 나누어 주며

　유리하는 빈민을 집에 들이며

헐벗은 자를 보면 입히며

　또 네 골육을 피하여 스스로 숨지 아니하는 것이 아니겠

　느냐.(사 58:6-7)

이사야 56장과 58장에 나오는 이런 단언은 정의와 공의에 대해 그와 같이 전혀 헌신하지 않았던 바빌론 세계와 극명한 대조를 이루는 복음 공동체를 상상한다. 사실 제국은 그와 같은 관심이 전혀 없는 신들에 의해 형성되고 정당성을 얻기 때문에, 제국은 그와 같은 헌신을 결코 가질 수 없다. 이 소식의 주어이신 하나님은 처음부터 이웃 관계를 우선적으로 돌보는 하나님이셨기 때문에, 이스라엘은 제국과 다른 명령을 받는다. 복음은 권력의 왜곡된 양식이 무너졌다는 소식이다. 복음의 수용은 근본적으로 변혁된 사회적 관계 양식을 받아들이는 것이다.

성탄절의 복음 내러티브 이야기에서, 목자들이 천사들로부터 들은 복음 소식의 전유는 간결하다. 그들은 "듣고 본 그 모든 것으로 인하여 하나님께 영광을 돌리고 찬송하며 돌아갔다"(눅 2:20). 누가는 우리에게 많은 것을 알려주지 않고, 나는 과장하지 않을 것이다. 하지만 하나님께 영광을 돌리는 행위는 결코 작은 문제가 아니다. 실제로 교리문답은 찬양이 우리의 "제일 목적"이라고 인정한다. 이 내러

티브는 절제된 방식으로 이 성탄의 순간에 목자들이 인생의 제일 목적에 도달했음을 암시한다. 목자들은 감동을 받았고 활기찬 새 예배를 드리도록 허락받았다. 그들은 이제 자신들의 삶에서 모든 경우에 다른 주권을 포기하도록 요구하는 새로운 주권을 인정했다. 더 나아가, 누가가 특징적으로 중시하는 전복적인 찬양 행위는 그들이 "보고 들은" 것 때문에 일어났다. 그들이 보고 들은 것은 다름 아닌 자신들의 필요와 궁핍 속에서 새로운 현실이 출현했다는 것이다. 목자들은 예수님을 볼 때 옛 세계가 침략당하고 점령당하고 변혁되었다는 사실을 맨 처음 간파한 최초의 목격자들 가운데 속한다.

물론 초기의 반응을 넘어, 누가복음의 탄생 내러티브와 탄생에 대한 반응은 목자들에게만 국한되지 않는다. 누가복음에서 탄생 이야기는 누가의 내러티브에서 펼쳐진 치유 능력을 다루는 훨씬 더 큰 기사가 시작되는 곳에 배치되어 있다. 천사들이 선포하고 목자들이 받아들인 복음은 천사들이 그 권능을 노래하는 이 왕으로 인해 삶이 해체되었다가 다시 형성된 많은 이들 가운데 울려 퍼진다. 복음 이야기 전체에서, 군중과 세리, 병사들은 복음 때문에 "그러면 우리가 무엇을 하리이까?"라는 질문을 던진다(눅 3:10, 12, 14). 이것은 복음 소식의 전유에 관한 질문이다. 물론 각 대상마다 다르지만, 반응은 실제적이고 구체적이다. 외투가 하나도 없는 자들에게 외투를 나누어 주라. 합당한 몫보다 더 많이 거두지 말라. 폭력이나 거짓 고발로 강탈하지 말라. 천사들의 소식은 완전히 변화된 사회적 관계를 기대한다.

누가복음에서 이 소식의 전유는 물론 사도행전의 교회 이야기로 넘어간다. 이 내러티브 기사는 새로운 통치로 인해 위기에 직면한 공동체가 항상 적절하고 순종적인 반응을 찾으려고 노력하는 것과 관련 있다. 신명기의 계속되는 해석과 마찬가지로, 사도행전의 기사는 자주 능력으로 가득하고 자주 당국자들과 긴장 관계에 빠진 공동체를 보여준다.[8] 이 모든 능력과 긴장은 이미 최초의 성탄절 내러티브에서 윤곽이 나타난다.

바디매오의 치유 내러티브에서 이 소식의 새로운 전유는, 예수님의 권위 있는 개입의 특징이 그렇듯, 간단하고 적절하다. 전유는 두 부분으로 나뉜다. 먼저, 그는 "곧 보게 되었다"(막 10:46-52). 그가 본다는 것은 선물이었고, 그의 상황은 즉각 철저히 변화되었다. 그것은 선물이었지만, 그의 믿음을 통해, 신뢰를 통해, 용감한 고집을 통해 얻은 선물이었다. 이 내러티브의 두 번째 진술은 첫 번째 진술에서 바로 이어진다. 그는 "예수를 길에서 따랐다"(52절). 바디매오는 제자가 된다. 마가복음에서 예수님과 제자들은 "예루살렘으로 올라가는 길"에 있기 때문에, 이 간결한 기록은 바디매오가 이제 변화된 환경과 새로운 결심으로 죽음과 부활을 향해 가는 희생의 길을 예수님과 동행하고 있음을 시사한다.

교회의 최초의 증언에 뿌리를 두고 있고 바울에 의해 해석된 부활절 선포는 윤리적 호소에서 절정에 이른다. 부활절 소식의 선포는 그 자체로 목적이 아니다. 소식을 선포하는 목적은 세상 속에 새로운 삶이 탄생하는 것이다.

> 그러므로…견실하며 흔들리지 말고 항상 주의 일에 더욱 힘쓰는 자들이 되라 이는 너희 수고가 주 안에서 헛되지 않은 줄 앎이라 (고전 15:58).

부활절에 소집된 공동체는 해야 할 일이 많다. 사실 바울이 고린도에 보낸 편지 대부분은 바로 이 복음을 받은 공동체가 해야 할 일과 관련 있다. 고린도전서의 현재 위치에서, 15장 끝에 나오는 요청은 가난한 자들을 위한 헌금을 언급하는 16:1로 바로 이어지는데, 이 주제는 고린도후서 8장에서 기독론적으로 다루어진다. 우주적 주장을 담은 부활 신앙은 관대함과 긍휼의 적극적인 실천으로 이어진다. 이는 분명 이 소식을 받은 공동체가 해야 할 주님 자신의 일이다.

로마서와 갈라디아서에서 이 소식에 대한 바울의 선언은 자비하심으로 인한 정당성 인정으로 표현된다. 바울의 주장에 따르면, 이 선언은 새로운 윤리적 가능성으로 이어진다. 잘 알려진 바와 같이, 복음의 전달과 새로운 순종의 삶이 서로 연결된다는 것은 로마서의 구조에서 극적으로 드러난다. 8:28-29에서 바울은 우리가 하나님의 사랑에서 떨어지지 않을 것이라고 단언한다. 이 관계가 하나님 편에서 유지되기 때문이다. 즉시 이렇게 이어진다.

그러므로 형제들아 내가 하나님의 모든 자비하심으로 너희를 권하노니 너희 몸을 하나님이 기뻐하시는 거룩한 산 제물로 드리라 이는 너희가 드릴 영적 예배니라 너희는 이 세대를 본받지 말고 오직 마음을 새롭게 함으로 변화를 받아 하나님의 선하시고 기뻐하시고 온전하신 뜻이 무엇인지 분별하도록 하라(롬 12:1-2).

교회는 세상 속에서 변화된 삶을 살 권능을 부여받고, 세상의 방식에 대항하여 행동할 권한을 부여받는다. 요약하면, 이 소식을 듣는 공동체는 복수심에 사로잡힌 세상(19절)에 대항하는 한 가지 방법으로 환대의 삶(13절)을 살도록 초대받는다.

소식에서 윤리적 전유로 나아가는 동일한 움직임은 갈라디아서에도 나온다. 복음의 소식은 자유다.

> 그리스도께서 우리를 자유롭게 하려고 자유를 주셨으니 그러므로 굳건하게 서서 다시는 종의 멍에를 메지 말라. (갈 5:1)

복음의 자유는 영으로 행하면서 영의 열매를 맺으라는 초대다.

> 오직 성령의 열매는 사랑과 희락과 화평과 오래 참음과 자비와 양선과 충성과 온유와 절제니 이 같은 것을 금지할 법이 없느니라 그리스도 예수의 사람들은 육체와 함께 그 정욕과 탐심을 십자가

에 못 박았느니라(갈 5:22-24).

복음의 윤리적 전유는 육신의 속박 속에서 살고 있는 세상의 비복음적인 삶에 대항하는 것이라는 점이 다시 분명해진다.

패턴이 반복되는 드라마

지금까지 나의 주장은 전도의 분류학 비슷한 것을 추적하려는 시도다. 나는 내 주장이 지나치게 도식적이고 어떤 면에서 분류를 위해 약간 무리수를 둔다는 것을 알고 있다. 하지만 나는 이 제안된 도식이 본문 자체의 데이터를 과장하거나 왜곡한다고 생각하지 않는다. 내가 이런 방식으로 주장을 펼친 이유는 두 가지 주요 논점을 고수하고 싶기 때문이다. 먼저, 복음 전도는 세 장면의 드라마로, 각각의 장면은 다른 장면과 구별되어야 한다. 우리의 일반적인 성향은 복음 전도와 관련된 모든 것을 두 번째 선포 장면으로 축소하는 것이다.

내가 모은 데이터는 이 극적인 순서와 관련하여 두 가지 중요한 특징을 보여준다. 한편으로, 선포와 선포자는 첫 번째 장면, 곧 실제 갈등과 승리에 참여하지 않았고 현장에 있지 않았다. 갈등과 승리는 우리가 접근할 수 없는 다른 곳에서 일어난다. 다른 한편으로, 삶 속의 전유는 선포를 통해 자동적으로, 선뜻, 쉽게 뒤따르지 않는다. 오히려 전유는 희생이 뒤따르는 어렵고 까다로운 작업이다.

둘째, 복음 전도의 전체 드라마는 정의상 미완성이고 그 모든 부분에서 반복적으로 해석되어야 한다. 복음은 그 극적인 성격이 이해될 때 모든 것이 일순간에 확정되는 '불변의 계약'이 아니다. 복음은 끈질긴 악과 왜곡, 소외 앞에서 언제나 다시 해석되어야 할 계약이다. 이 드라마에 대한 각각의 해석은 다른 모든 복음의 재현만큼 긴급하고, 위험하고, 희생이 뒤따른다. 성경은 이 위험한 소식의 계속되는 재현이다. 교회 공동체는 이 드라마에 계속 참여하면서 이 드라마가 세상 속 삶에 대한 결정적 설명이라고 주장한다. 이 드라마를 하나의 이야기 전달로 축소하지 않는 것이 중요하다. 성경의 증언과 우리 자신의 삶의 경험 둘 다에 비추어 볼 때, 그와 같은 축소는 거짓이기 때문이다. 그래서, 내가 제안하는 분류법은 57쪽에 나와 있다.

이제 나의 목적은 단순히 성경 기사의 데이터를 검토하는 것이 아니다. 나의 의도는 그 분류법이 우리 자신의 믿음과 사역의 상황에서 어떤 모습일지 탐구하는 것이다. 이 분류법을 확장하고 상황화하려고 할 때, 분명 우리는 어느 정도 위험을 감수해야 한다. 나는 나의 모델이 모든 사람에게 즉시 받아들여질 것이라고 생각하지 않고, 우리는 서로 다른 판단을 내릴 수 있다. 나는 적어도 나의 제안이 우리 모두에게 하나의 시각을 제공하고 비판적 대화에 기여할 수 있기를 바란다. 따라서 나는 완결되지 않은 별개의 세 장면 모두에서 이 분류법의 현대적 구현에 대해 제안하려고 한다.

나는 아마 가장 분명한 장면이라고 할 수 있는 두 번째 장면, 선포에서 시작하겠다. 내가 보기에, 우리의 믿음과 사역의 상황에서 선포는 구체적이고, 비타협적이고, 기독론적이어야 한다. 따라서 예수 그리스도 안에서 하나님이 사망 권세의 힘과 위협, 매력을 극복하셨다는 것이 간명한 선언이다. 이것은 우리의 주제다. 나는 이 선명하고 명확하고 간명한 진술이 거의 타협 불가능한 것이라고 제안한다. 이 간단한 진술에서 몇 가지 특징이 뒤따른다.

첫째, 이 언어적 선포 행위는 인식론적으로 전복적이다.[9] 이 단언은 우리 시대의 이성에 전혀 적응하지 못한다. 나는 이런 복음의 언어가 자유주의자와 보수주의자에게 똑같이 거부감을 준다고 인정한다. 복음의 주장은 자유주의자에게는 너무 급진적이고 보수주의자에게는 너무 포괄적이기 때문이다.

둘째, 복음의 언어는 본질적으로 극적이다. 복음의 언어는 역사적 현실을 투쟁으로 표현하도록 허용하고 요구한다. 이것은 그 자체로 신학적 분별을 위한 중요한 바탕이 된다. 하지만 이 언어는 어떠한 환원론에도 부합하지 않는다는 점에 유의해야 한다. 복음의 언어는 교의적 스콜라주의를 전혀 부추기지 않고, 특히 '개혁주의 전통'에 도움이 되지 않는다. 복음의 언어는 자만이나 자축을 허용하는 도덕주의를 기대하지 않는다. 또한 내면의 평화나 평온을 제공하는 심리주의도 허용하지 않는다. 복음의 투쟁적 언어는 거칠고 가혹하고 '소비자 친화적'이 아니다. 따라서 이와 같은 주장은 진보적이든 보수적

복음 전도 분류법

	I. 숨겨진 승리	II. 선언	III. 삶 속의 전유
우주적 대결	야훼 vs. 신들 (시 96:4-6)	"말과 그 탄 자를 바다에 던지셨음이로다" (출 15:21)	"하늘은 기뻐하고" (시 96:11)
출애굽	야훼 vs. 바로 (출 1-15장)	"네 하나님이 통치하신다" (사 52:7)	시내산 언약 (출 19-24장)
귀향	야훼 vs. 바벨론 (사 46-47장)	"말과 그 탄 자를 바다에 던지셨음이로다" (출 15:21)	"정의를 지키며 의를 행하라" (사 15:21)
성탄	야훼 vs. 제국 (눅 2장, 마 2:13-18)	"오늘…너희를 위하여 구주가 나셨으니" (눅 2:11)	"하나님께 영광을 돌리고 찬송하며" (눅 2:20)
예수의 사역	야훼 vs. 눈멈 (막 10:46-52)	"네 믿음이 너를 구원하였느니라" (막 10:46-52)	"그가…예수를 길에서 따르니라" (막 10:52)
부활	야훼 vs. 죽음 (고전 15:54-55)	"우리에게 승리를 주시는 하나님께 감사하노니" (고전 15:57)	"견실하며 흔들리지 말고 항상 주의 일에 더욱 힘쓰는 자들이 되라" (고전 15:58)
바울	야훼 vs. 사탄, 죄, 죽음 (롬 5-8장)	"사망이나 생명이나… 끊을 수 없으리라" (롬 8:38-39)	"너희는…변화를 받아" (롬 12:2)
우리의 상황	야훼 vs. 죽음의 권능	하나님은 그리스도 안에서 죽음의 권능을 이기셨다	이웃 사랑의 대안적 삶

이든 대부분의 교회에서 복음의 주장의 극적인 힘을 말하고 듣는 변화된 담론 세계를 요청한다.

셋째, 간결한 언어적 표현이 결정적이라는 데는 의심의 여지가 없다. 이 극적인 단언은 여전히 선언으로 간주될 수 있는 두 가지 중요한 추론을 허용한다. 한편으로, 이 선언은 믿음의 투쟁적 특징을 묘사하기 위해 음악과 미술, 춤으로 대담한 예술적 창의성을 발휘하도록 요청한다. 다른 한편으로, 이 주장은 죽음의 권세가 우리의 공동생활에 퍼져 있는 곳에서 위험을 무릅쓴 개입과 행동을 통해 신체적으로 선포될 수 있다. 따라서 소식을 구현하는 행동은 선포로 간주될 수 있다.

선포의 두 번째 장면에서 갈등과 승리의 첫 번째 장면으로 돌아갈 때, 우리는 하나님이 승리자로 등장하신 갈등에 대해 질문하지 않을 수 없다. 우리는 죽음의 권세가 우리의 상황에서 어디서 그 끔찍하고 강력한 얼굴을 드러내는지 질문해야 한다. 이제 그 대답을 제시할 때 현실에 밀착해야 한다. 나는 탐욕 엔진을 장착한 소비 경제의 매력적인 힘을 통해, 공포와 불안, 염려, 잔인함, 복수에 대한 갈망을 유발하는 군사력과 넋을 빼놓는 군사력의 매혹을 통해, 우리와 이웃 모두가 목적이 아닌 수단으로 인식될 때까지 인간이든 비인간이든 모든 생명을 상품 교환으로 환원시키는 현상을 통해, 죽음은 우리 문화와 우리 교회에 있는 사람들에게 작동하고 있다고 생각한다.[10] 다시 말해, 우리 시대에 복음과의 관계에서 일어나는 중심 갈등은 신학적 우상숭배, 즉 우리네 삶의 대부분에 주권을 행사하고 있는 우상숭배를

대변하는 사회 경제적, 정치적 관행과 관련 있다.[11]

이런 가치관의 유혹적이고 지배적인 힘은 경제적 실책이나 정치적 사고, 군사적 오판이 아니다. 이런 가치관의 힘은 오히려 우리 가운데서 끈질기게 영향을 미치는 죽음의 권능의 역사다. 복음의 축을 사회 경제적, 정치적 문제로 기울인다고 해서, 내가 '진보적'이거나 당파적이거나 새롭거나 현대적인 범주를 소개하고 있다고 생각하지 말라. 사실 성경 전체에서 복음은 정확히 권력, 재화, 접근 권한과 관련된 사회적 관계에 관심을 기울여 왔다. 사실 복음의 성경적 표현에서 그렇지 않은 측면은 거의 없다. 하지만 문제는 결국 사회 경제적이거나 정치적인 것이 아니라 신학적인 것이다. 문제는 삶을 옹호하는 힘과 죽음을 옹호하는 힘, 그리고 우리의 삶과 우리의 충성심, 우리의 상상력을 쟁취하려는 그 둘 사이의 싸움과 관련 있다.

하나님의 결정적인 승리가 늘 우리에게 숨겨져 있듯이, 우리 시대에 이 치명적인 우상숭배에 대한 하나님의 승리도 우리에게 숨겨져 있다. 우리는 이 승리가 언제, 어디서 이루어졌는지 정확히 알지 못한다. 이 승리는 이웃 사랑의 약함 속에, 자비의 어리석음 속에, 긍휼의 연약함 속에, 절망과 잔인함의 상황에서 새로운 생명이 출현할 수 있도록 허용하는 용서와 관용의 놀라운 대안 속에 숨겨져 있다.[12] 이 승리는 항상 숨겨져 있는 십자가와 그 이후 나타나는 모든 십자가 능력의 현현 속에 숨겨져 있다. 하나님의 승리에 근거한 소식은, 상품의 치명적 권세는 우리에게 어떠한 주장도 할 수 없고, 우리의 삶을 규정할 어떠한 정당성도 갖고 있지 않다는 것이다. 우리는 그 엄청난 힘과 주장으로부터 자유로워졌고, 따라서 자유롭게 다른 삶을 살 수 있다.

갈등과 승리의 형태는 선포되는 내용에 있어서 결정적이다. 두 번째 장면의 선포는 사회 경제적, 정치적 현실에 주목하는 가운데 사회 비판을 충분히 고려하여 표현되어야 한다. 선포는 쉽고 뻔하고 합의된 사안에 대한 무해한 잡담이 아니라, 여전히 활력과 권위를 가진 듯 보이나 실제로는 패배한 권력에 항상 도전하고 폭로하는 해방된 저항 행위다. 따라서 승리 선언은 위험으로 점철된다. 승리 선언은 청중들에게 자명하지 않은 것을 믿고, 여전히 우리의 이기심처럼 보이는 것을 불신하면서 반대하도록 요구한다. 이 선언은 자명하지 않은 승리를 단언하면서도, 명백하지 않은 판정에 근거하여 위험을 감수하라고 사람들을 초대한다.

이 숨겨진 승리와 이 대담한 선언은 우리 삶의 모든 측면에 영향을 미친다. 나는 상품 숭배의 살인적인 힘이 우리 존재의 모든 측면에 영향을 미친다는 것을 조금도 의심하지 않는다. 상품 숭배의 힘은 제3세계 부채라는 공적인 경제 문제만이 아니라, 성적 친밀감과 가정생활의 위기에도 영향을 미친다. 그것은 공적인 국제 안보에 대한 큰 불안에 영향을 미치고, 세대 간 갈등에 대한 지역의 불안에 영향을 미친다. 상품 숭배의 힘은 너무 방대하여 우리가 거의 해결할 수 없는 고질적인 노숙자 문제로 인한 깊은 절망에 영향을 미치고, 사랑하는 사람들과 단절된 소통으로 인한 사소한 절망에 영향을 미친다. 그것은 창조 세계의 모든 차원과 모든 구조에 영향을 미친다. 복음과 복음의 메신저는 거대한 유혹과 배신의 한가운데에 서 있다.

마지막으로, 세 번째 장면, 삶 속의 전유 행동을 생각해 보자. 복음의 수용에는 우리가 새로운 삶에 '감동되어야' 하는 정서적 차원이 있다. 하지만 복음의 영향은 단순한 감정 표출이 아니다. 복음의 수용은 우리가 죽음의 권세에서 벗어날 수 있고 벗어나야 한다는 일순간의 결단 혹은 서서히 깨달아지는 결단이다. 빠른 회심은 있을 수 있지만 쉬운 회심은 없다. 회심이란 우리가 오랫동안 익숙해 온 의미와 안전의 구조에서 송두리째 벗어나는 것을 의미하기 때문이다. 누구든 소식을 쉽게 받아들일 수 있다고 생각하는 사람은 새로움의 대가에 대해 낭만적으로 생각하거나 위험과 손해에 대해 무지한 사람일 것이다.

삶 속 전유의 위기로 인해 노예들은 안전한 이집트를 떠나야 했지만 그들은 곧 되돌아오기를 갈구했다(민 14:4). 삶 속 전유의 위기로 인해 바빌론의 포로들은 떠나야 했지만, 제국은 여전히 우리가 가장 갈망하는 모든 보상을 가지고 있는 것 같았다. 베들레헴의 탄생 선언으로 인해 로마가 지배하는 예루살렘의 양고기 시장에서 목자들이 발견한 작은 위안은 위태로워졌을 수 있다. 시력 회복의 선물은 바디매오에게 자신의 삶에 대해 새로운 책임을 떠맡고 스스로 새로운 결정을 내리도록 요구했다. '서구의 괴로운 양심'[13]에 사로잡힌 우리 중

많은 이들은 과도한 의무와 왜곡된 책임의 힘이 아주 막강해서 우리의 삶을 한없이 왜곡한다는 것을 발견한다.

우리의 상황에서 소식을 삶 속에 전유하는 것은 우리의 삶과 우리의 신체, 우리의 상상력이 소비 추구, 독자적인 무장, 자기만족적 잔인함이라는 전능해 보이는 세계에서 벗어나는 방법을 찾는 것으로 구성된다고 나는 주장한다. 예수님 안에서 알려진 하나님은 상품 탐욕을 중심으로 한 삶의 질서에 대한 대안을 제시하시기 때문이다. 우리 모두는 이 소식을 가지고 얼마나 멀리, 얼마나 빨리, 얼마나 대담하게, 얼마나 급진적으로 나아갈지 결정한다. 어떤 사람은 시민 불복종을 통해 급진적인 방식으로 이 소식을 전유할 것이다. 어떤 사람은 더 온건하고 더 단순한 생활 방식에 맞닥뜨릴 것이다. 어떤 사람은 재정과 성, 자녀 양육을 대안적인 방식으로 재구성할 것이다. 모든 사람이 똑같이 행동하지 않을 것이고, 어떤 사람은 완전히 저항할 것이다.[14] 구체적인 사항에 관한 법칙이나 처방전, 심지어 확실한 지침조차 없다. 사실 이 소식을 삶 속에 전유하는 것은 법칙이 아니라 항상 초대이고, 강압이 아니라 항상 승인과 허가다.

이 대담한 드라마로 사람들을 초대하고, 이 특이하고 혁명적인 대화가 우리의 삶에서 신뢰성 있게 이어지게 하는 것이 교회의 복음 전도 임무다. 이것이 '더 탁월한 길'에 관한 대안적 대화라는 것은 우리 모두와 우리 각자에게 분명하다. 오랫동안 우리는 '덜 탁월한 길,' 즉 우리가 반대하고 싶지 않은 훨씬 평범한 방법에 열정적으로 헌신되어 있다. 이 대안적 길의 소식은 꾸짖거나 질책하거나 요구하지 않는다. 그것은 초대이고 허락이며 경축이다. 모든 사람이 참여할 수 있는 이 미완결의 대안 드라마를 어떻게 실행할 것이냐는 우리에게 맡겨진 책무다.

세 가지 실제적인 함의

나의 분석에서 나오는 세 가지 실제적인 쟁점이 떠오르는데, 이에 대해 간략히 언급하려고 한다. 먼저, '복음 전도'와 '사회적 행동' 사이의 이분법에 관한 상투적 논의는 근본적으로 방향을 잘못 잡은 것이다. 쟁점을 이런 식으로 분리하는 것은 효과적이지 않다. 이것은 복음 전도에 대해 신학적으로 생각하기를 거부하는 사람들이 만들어낸, 성경적 근거가 없는 엉뚱한 쟁점이다. 한편으로, 만약 우리가 이 이분법이 의도하는 대로만 '복음 전도'를 받아들인다면 "무엇을 위한 소식인가"라는 질문이 우리에게 남는다. 그 대답은, 세상에서의 대안적 순종을 위한 소식이라는 것이다. 이것이 복음의 소식의 핵심이고, 이렇듯 급진적인 삶 속 전유를 지향하지 않는 모든 복음 전도는 기만적인 것이다.

다른 한편으로, 만약 우리가 이 이분법에 표현하는 대로 '사회적 행동'을 받아들인다면 "사회적 행동은 어디에서 기원하고 그 목적은 무엇인가?"라는 질문이 우리에게 남는다. 그 대답은, 사회적 행동은 하나님이 세상을 새롭게 통치하신다는 급진적인 소식에서 기원하고, 사회적 행동은 새로운 통치자에 대한 증언이요 찬양이라는 것이다. 이 소식에 뿌리를 두지 않고 새로운 통치자를 지향하지 않는 모든 사회적 행동은 성경적 보증을 주장할 수 없다.

우리의 과제는 이 이분법을 극복하는 것이다. 그렇게 하기 위해, 우리에게 둘 다 필요하다. 둘 다라고? 소식과 전유 둘 다. 전유가 없는 선포나 선포가 없는 전유는 있을 수 없다. 복음이 변화된 통치에 관한 것이라면, 그 변화된 통치는 모든 삶과 관련 있다. 죽음에 대한 하나님의 승리는 일부 선택된 삶의 영역에서의 승리가 아니라 모든 창조 세계에 대한 승리이고 모든 혼돈의 위협에 대한 승리이기 때문이다. 따라서 우리가 소식을 전유하는 것은 시민의 권리와 성, 출생과 죽음, 국방 및 가족 양육과 관련 있다. 교회는 이제 이데올로기 탓에 복음의 영향으로부터 삶의 영역을 차단하는 이분법의 유혹을 극복할 수 있는 언어를 찾아내는 어려운 과제 앞에 있다. 나는 우리가 뿌리 본문과 그 극적인 관용구로 돌아갈 때에만 그 해방의 언어를 찾을 것이라고 생각한다.

둘째, 복음 전도라는 주제는 진보주의자와 보수주의자 사이에 엉뚱한 논쟁을 야기하는데, 이 논쟁은 '복음 전도 대 사회적 행동'과 동일하지 않다. 교회가 이런 이념적 분류 언어를 사용하는 것은 바람직하지 않다. 이런 분류는 하나님의 단일한 목적 아래 있는 삶의 온전성이라는 관념에 배치되기 때문이다. 나는 우리의 복음 전도 언어가 실제적인 언어라고 단언하기 위해 우리의 언어를 바로잡아야 하고 복음의 인식론적 당혹감에 눈감지 않아야 한다는 소위 보수주의자들의 주장에 동의한다. 또한 나는 당혹스럽지 않은 실제적인 복음적-기독론적 언어가 고립된 전문 용어가 아니라 공적인 비판과 공적인 가능성을 다루는 공적인 문제에 관한 공적인 언어여야 한다는 소위 진보주의자들의 주장에 동의한다. 진보주의자들이 복음의 인식론적 걸림돌로 인해 위축될 때마다, 또한 보수주의자들이 복음의 신실한 언어의 공적인 차원으로 인해 위축될 때마다, 복음은 왜곡되고 성경은 오독된다.

나는 우리 시대의 소위 보수주의는 성경의 위험을 안전한 신앙 고백으로 축소하려는 시도이고, 진보주의는 체제를 무너뜨리는 복음의 극적인 주장을 피하려는 시도라고 주장한다. 나는 보수주의자들과 소위 진보주의자들이 하나님의 이름(또는 예수님의 이름)을 말하는 것이 끝없이 전복적이고, 논쟁적이고, 위험을 감수하는 것임을 다시 배우기 위해 공유된 성경의 구체적인 언어 관행으로 돌아가는 것도 당연하다고 생각한다. 사실, 나는 진보주의와 보수주의에 관한 학문적 논쟁이 단순히 우리의 기득권을 보호하고 복음의 위험과 위협을 방어하기 위한 연막일 뿐이라고 주장한다. 혹은 반대로 복음을 우리가 좋아하는 정치적 구호로 축소하는 것은 하나님의 자유로운 소식이 자신의 말을 하도록 허용하지 않는 거부다. 모든 창조 세계의 통치가

변했다는 복음의 소식은 우리가 쉽게 상상하거나 포용하거나 길들일 수 있는 그 어떤 것보다 훨씬 급진적이고, 부담스럽고, 강력하다.

셋째, 복음 전도는 교회 성장과 관련 있지만, 결코 동의어는 아니다. 복음 전도를 말할 때 우리는 교회 성장을 언급해야 하지만, 극적인 과정의 마지막에서만, 그보다 빠르지 않게 언급해야 한다. 복음 전도는 결코 제도적 강화나 대형화를 목표로 삼지 않는다. 복음 전도의 단순하고 유일한 목적은 모든 피조된 실재를 다스리는 참된 통치자에게 해방된 새로운 순종을 바치도록 사람들을 소환하는 데 있다.[15] 교회는 새로운 통치에 관해 진지하게 여기는 사람들을 위한 소박한 모임 장소다. 새로운 통치는 본질적으로 자율성과 고립, 개인주의에 반대하기 때문에, 그와 같은 모임과 그와 같은 만남, 그와 같은 공동체가 있어야 한다. 점점 더 많은 이들이 충성을 변경하고, 세계를 교체하고,[16] 새로운 통치를 받아들이고, 실제적인 방식으로 소식을 전유하는 끝없이 어려운 과제에 동의할 때, 교회는 성장한다. 하지만 교회가 소비주의와 동맹을 맺을 때, '교회 성장'은 복음 전도에 도움이 되지 않는다. 그럴 때 교회는 소식이 우리에게 당부하는 바로 그 순종으로부터 벗어나라고 사람들에게 이야기하기 때문이다.

우리 사회에서 복음 전도와 교회 성장의 관계에서 쉬운 길은 전혀 없다. 교회는 확고하지만, 나는 교회가 직면한 엄청난 어려움을 낭만적으로 바라보지 않는다. 나는 지금 우리에게 다음과 같은 두 가지 핵심 요소가 필요하다고 생각한다. 먼저, 우리는 도덕적이거나 교조적이거나 학문적이거나 경건주의적이지 않고 시종일관 복음의 극적인 담론 양식을 회복해야 한다. 둘째, 우리는 전복적인 포기와 수용 행위인 세례의 중심 드라마를 회복해야 한다. 하나님의 숨은 결정적 승리에 대한 복음의 주장은 우리의 언어와 우리의 세례에서 충분히 표명된다. 하지만 대체로 우리는 너무 익숙해진 나머지 우리에게 주어진 바로 그 소식으로 인해 위축된다. 우리가 우리의 언어를 왜곡하고 성례를 사소하게 만든다면, 문화적 기대에 적응하는 것 외에 우리에게 아무것도 남지 않는다.

나는 제도적 교회의 안녕과 건강, 예산, 교인 수에 큰 관심을 갖고 있다. 나는 교회를 소외시키는 세속주의의 성장을 두려워하고, 상품 군국주의의 하수인에 불과한 탐욕스러운 종교 우파도 똑같이 두려워한다. 나는 교회를 방문하여 주로 나이 든 이들이 자주 찾는 교회를 보면서 진심으로 걱정하고 두려워한다. 한 세대 후 절망의 계절에 아모스 와일더의 『우리 읍내』(Our Town)를 방문하는 것과 같기 때문이다.

하지만 정신을 차리는 순간, 우리는 복음 전도 문제가 제도적 교회의 건강과 관련이 없다는 것을 안다. 오히려 문제는 인간 공동체의 근간인 창조 세계의 생명이 우리 가운데 깊은 위험에 처해 있다는 것이다. 복음 전도와 관련된 위기는 '교회의 문제'가 아니라 '세계의 문제'다. 무기와 화학 물질, 테러, 막대한 국제 부채를 고려할 때 우리는 아주 거대한 공동의 위험에 직면해 있다. 마약과 폭력, 두려움, 탐욕, 고립을 고려할 때 매우 국지적인 위험도 있다. 강대국의 군사적 의지나 시장의 경제적 압력, 종교로 통용되는 선의의 이념으로는 소외된 낡은 세계를 더 이상 지탱할 수 없다. 우리는 우리 모두에게 공통된 엄청난 위험에 직면해 있고, 우리 자신을 속일 수 있는 거울은 더 이상 존재하지 않는다.

이제 우리—노예 무리, 포로 집단, 깜짝 놀란 예루살렘의 제자들, 로마 제국의 침체된 사도들—에게 새로운 삶의 단서와 초대, 가능성이 주었다고 상상해 보자.

제자들을 돌아보시며 조용히 이르시되 너희가 보는 것을 보는 눈은 복이 있도다 내가 너희에게 말하노니 많은 선지자와 임금이 너희가 보는 바를 보고자 하였으되 보지 못하였으며 너희가 듣는 바를 듣고자 하였으되 듣지 못하였느니라. (눅 10:23-24)

우리에게 대안은 숨겨져 있고, 약하고, 어리석은 것이다! 복음은 세상의 모든 가식에 맞서 이런 고상한 기독론을 주장한다. 이 작은 무리에게 더 탁월한 길에 관한 실마리가 주어진다. 누가복음에서 이 특별한 실마리는 선한 사마리아인의 비유로 바로 이어진다. 여러분도 알다시피, 그 이야기는 위엄 있는 결말로 끝마친다.

> 자비를 베푼 자니이다…가서 너도 이와 같이 하라. (눅 10:37)

그리스도의 권위에 대한 강한 주장(21-24절)은 이웃 사랑의 구체적인 실천과 연결된다(25-37절). 여기서 말씀은 육신이 되고, 주권은 긍휼이 되고, 약함은 강함이 되고, 어리석음은 지혜가 되고, 고난은 희망이 되고, 연약함은 에너지가 되고, 죽음은 생명이 된다.

교회가 대안적 대화를 위한 장소라고 상상해 보자. 부정의 사회 안에 있는 교회로서 우리는 우리가 아는 것을 말하고, 저항과 갈망을 불러일으키고, 공인된 대안적 새로움을 허용한다. 우리는 진보주의자든 보수주의자든 교회란 이렇게 끊임없이 대화하면서 모든 공포와 이념의 낙인에 굴하지 않고 소식을 증언한다는 공통의 인정에 만족할 수 있다.

복음 전도를 위한 대화의 핵심 주제는 우리의 삶과 우리의 몸과 우리의 상상력이 어떻게 세상의 죽음을 단절하고 복음 안에 있는 새로운 삶으로 향할 수 있느냐는 것이다. 이것은 모두를 초대하는 대화다. 우리는 여러 가지 예속에서 벗어나 공동의 자유로운 순종으로 부름받는다. 이 대화는 미완결의 어려운 과제다. 이것은 우리의 삶이 경이로움과 사랑, 찬양으로 하나가 될 것이라고 약속하는 대화다. 얼마나 기쁜 소식인가!

2장
아웃사이더가 인사이더가 되다

이어지는 세 장에서 우리는 성경의 극적인 '소식 사건'이 이스라엘의 언약 회원의 후보자인 다양한 '대상'과 어떤 방식으로 관계하는지에 관심을 둘 것이다. 다양한 본문을 통해 다양한 대상들이 1장에서 우리가 설명한 드라마에 참여하도록 초대받는다. 이 장에서 우리는 먼저 복음 전도의 가장 분명한 대상을 고려한다. 이 '소식 공동체'에서 멀리 떨어져 있고, 다른 내러티브 정체성에 따라 살고 있으며, 이스라엘의 내러티브 세계에 속하는 '회원 자격'이 없는 외부인이다.

다른 본문들도 '외부인'에 관심을 두지만, 나는 여호수아서, 특히 여호수아 24장의 중요한 모임에서 이스라엘과 외부인의 관계를 고려하기로 선택했다. 여호수아 24장의 모임에서 이런 외부인과의 관계는 아주 팽팽한 긴장이 흐르는 관계다. 분명 여호수아서에는 "가나안인을 진멸하라"고 이스라엘에게 명령하는 갈등 규정이 존재한다. 이와 관련하여 이스라엘의 노력은 우리가 대략 '정복'이라고 부르는 과정을 낳는다. 이러한 관점에서 볼 때, 외부인을 겨냥한 복음 전도는 분명 아주 효과적이지 못했을 것이다.

여호수아서 배후에 있는 역사적 쟁점은 복잡하고 모호하지만, 학자들은 세겜 성 주변의 '중앙 언덕 국가'에는 '정복'이 전혀 없었고, 그 땅 주민들과의 무력 대결도 전혀 없었고, 이 공동체들 사이에 겉보기에 비교적 평화로운 공존이 있었다는 점에 주목했다.

그 땅의 비이스라엘인들을 묘사하는 데 사용되는 단어인 '가나안인'이라는 용어의 의미에 대해 더 정확하게 성찰하는 게 우리에게 유용할 것이다. 이들 본문에서 '가나안인'은 분명 인종적 용어가 아니고 부족이나 인종 집단을 가리키지 않는다. 실제로 '이스라엘 백성' 자체는 독특한 종교적 정체성을 지닌 '가나안인'이었을 가능성이 높다. 신명기와 여호수아 자료에서 '가나안인'이라는 용어는 논쟁적이고 이데올로기적인 용어다. 이 용어는 그 땅에서 착취적이고 비언약적 사회 관계(즉 경제적이고 정치적인 관계)에 몰두하고 비언약적 관행에 상징적 정당성을 부여하는 종교(소위 '가나안 종교') 양식을 실천했던 사람들을 가리킨다.(이스라엘의 본문이 이데올로기적이고 논쟁적이기 때문에, 나는 여기서 성경 본문에 사용된 '가나안인'이라는 용어의 전형적 용례를 기술할 뿐 '가나안인'에 대한 역사적 설명을 제시하지는 않겠다.) 다시 말해, '가나안인'이란 이스라엘의 언약적 비전에 적대적인 것으로 보이는 사회적 관행에 헌신한 사람들이다. '가나안인'이란 경제를 통제하고, 자신을 '이스라엘 백성'으로 이해하는 식량 생산 '유민들'에게 손해를 끼치면서 강력한 정치적 유익을 누리던 '도시 엘리트'라고 제안하는 강한 의견이 학계에 존재한다. 이러한 사회적 관행과 종교적 헌신은 이스라엘 백성의 신앙 주장을 받아들이기 힘들었을 것이라고 지적하는 것으로 충분하다.

이제 '가나안인'에 대한 이런 이해는 '외부인'의 복음 전도를 위한 모델을 우리에게 제시한다. 고대 시대와 우리 시대에 외부인(=가나안인)은 언약 윤리와 상충되는 사회 경제적 관행에 헌신하고(혹은 거기에 갇혀 있고), 그러한 관행을 뒷받침하는 종교적 상징을 실천하는 사람들이라고 할 수 있다. 쉽게 동일시할 수 없겠지만, 이러한 '가나안의 관행'은 자유 시장 체제의 이념(신학)에서 정당성을 얻는 세금 및 신용법을 통해 구조적으로 자리 잡은 착취적 탐욕의 사회 관계에 상응할 수 있다. 나는 여기서 논쟁을 벌일 의도는 없고, 다만 착취적 가치 체계와 언약적 신앙 사이에 선명한 대조를 제시하면서 성경 본문에서 '가나안인'이 의미하는 바와 어떤 유사점이 있는지 제안하려고 한다.

이런 식으로 제기될 경우, '외부인'의 복음 전도에 관한 우리의 질문은 이렇게 귀결된다. 다른 이념에 의해 정당화되는 (대척적인) 다른 방식으로 살아가는 사람이 어떻게 이스라엘의 이야기와 삶에 온전히 참여할 수 있는가?

우리의 질문에 대한 대답을 찾을 수 있는 본문은 여호수아 24장이다. 이 본문에서 우리는 여호수아가 언약의 하나님이 정당성을 부여하는 언약적 방식으로 살 것인지, 아니면 야훼와 전혀 다른 '다른 신'이 정당성을 부여하는 다른 종류의 삶을 살 것인지 결단할 권한을 백성들에게 부여하는 모임에 초대받는다. 이 선택은 외부인이 내부인이 되도록 허용한다. 다른 이야기에 의해 형성된 내부인인 이웃은 다른 인식을 갖고 있고, 다른 하나님이 현실을 규정하는 결정적 요인이 된다. 나는 세 종류의 외부인이 이스라엘의 세 가지 고전적 기억을 향유하고, 이로써 새로운 삶을 받아들인다고 고려한다.

- 한 역기능 가정의 젊은 여성
- 피곤한 기업체 임원, 그리고
- 영원한 하층민의 일원

이 모든 후보자들은 모두 변화된 내부인이 된다!

❖ ❖ ❖

여호수아 24장의 세겜 집회에 대해 알려진 바는 많지 않다. 이 집회는 세겜에서 열렸다. 아주 오래된 이 도성은 '정복'이 전혀 없던 땅, 즉 격렬한 사회적 갈등이 전혀 없던 땅의 일부였다. 이스라엘 백성은 다른 거주민들 사이에서 평화롭게 살았던 것 같다. 그곳의 다른 거주민들은 이스라엘 백성의 침입이나 야훼의 주장으로 인해 도전도 받지 않고 방해도 받지 않았다. 열광적인 야훼 신앙인과 아직 야훼에 대해 생각해 보지 않은 오랜 정착민들이 평화롭게 공존하는 그림이다.

이 모임에서 지배적인 목소리는 여호수아의 목소리다. 나는 우리의 관심을 끄는 여호수아의 네 가지 특징을 제시한다. 우선, "너는 그의 이름을 여호수아라 하라 이는 그가 자기 백성을 구원할 것임이라"는 말씀에서처럼, 그의 이름은 '구원'을 의미한다. 여호수아는 이 모임에 구조와 구원을 제안한다. 둘째, 여호수아는 자신이 증언하는 위대한 구원 사건의 목격자가 전혀 아니었다. 목격자는 모세였다. 여호수아는 한 세대를 떨어진 사람이다. 그는 단순히 그 이야기를 들었고 그것을 반복할 만큼 충분히 신뢰했던 전승의 후예일 뿐이다. 여호수아는 바울과 다르지 않다. "내가 받은 것을 먼저 너희에게 전하였노니"(고전 15:3). 이 모임은 계속되는 전승화 과정의 일부다. 셋째, 여호수아는 토라에 순종할 때 그 땅을 지키고 좋은 삶을 낳을 것이라고 믿기 때문에 토라에 순종하겠다고 전적으로 서약한 사람이다. 이 모임에서 여호수아의 연설은 세겜 공동체의 중단되지 않는 삶을 위해 토라에 순종하라고 제안한다. 넷째, 여호수아의 권위와 신뢰성은 전에 보여준 엄청나게 용기 있는 행동에 근거해 있다. 그때 겉보기의 엄청난 곤경에도 불구하고 갈렙과 여호수아만은 기꺼이 야훼를 신뢰했다(민 14:6-9). 물론 모세에게 공적으로 임명받았지만, 이 행동은 여호수아에게 정당성을 부여한다.[1]

학자들은 여호수아 24장이 성경 본문의 최종 형태에서 중추적 위치에 자리 잡고 있다고 믿는다.[2] 이 장은 육경(창세기-여호수아) 이야기의 절정, 이스라엘을 위한 하나님의 구원 이야기의 결론에 위치한다. 이 장 직전인 여호수아 21:43-45에서, 이스라엘에게 주신 하나님의 모든 약속이 지켜졌다고 단언한다. 이제 여호수아는 이 내러티브에 아직 참여한 적이 없는 세겜의 외부인을 향해 이 이야기의 내부인이 되라고 초청한다. 따라서 이 초청은 이 공동체를 새로운 대안적 텍스트에 편입시켜, 이스라엘의 기억을 통해 세계가 다시 상상되고 다시 살아나게 하기 위해 의도된 행위다.

역기능 가정에서 자란 여성

우리는 그날에 누가 여호수아와 함께 세겜에서 모임을 가졌는지 알지 못한다. "이스라엘의 모든 지파," 장로들과 수령들과 재판장들과 관리들이 모였다고 기록되어 있다. 다른 곳에 나오는 비슷한 모임의 명단은 훨씬 포괄적으로 "백성의 남녀와 어린이와 네 성읍 안에 거류하는 타국인"이다(신 31:12; 참조. 느 8:1-2). 거대하고 포괄적이고 광범위한 모임이었다. 여호수아는 이런 대안적 기억의 제공이 모든 백성에게 시급하고, 모든 사람이 이 기억을 이용할 수 있고, 모든 사람이 이 기억을 전유할 수 있다고 믿었다.

하지만 이 정도 거리에 떨어진 우리는 모임에 참석한 모든 사람에게 주의를 기울일 수 없다. 대신에 나는 여러분과 함께 그 모임에 참석했던 세 명의 구체적인 청중, 즉 여호수아의 연설을 들은 청중, 우리와 동시대인일 수 있지만 그 당시에도 크게 다르지 않았을 청중을 상상해 보려고 한다. 나의 각색이 어떻게 본문에서 출발하여 상상 속 청중으로 옮아가는지 눈여겨보라. 청중을 창조하는 것은 본문이다.

여호수아는 긴 연설을 시작하면서 거슬러 올라가 창세기를 암시한다.

옛적에 너희의 조상들 곧 아브라함의 아버지, 나홀의 아버지 데라가 강 저쪽에 거주하여 다른 신들을 섬겼으나 내가 너희의 조상 아브라함을 강 저쪽에서 이끌어 내어 가나안 온 땅에 두루 행하게 하고 그의 씨를 번성하게 하려고 그에게 이삭을 주었으며 이삭에게는 야곱과 에서를 주었고 에서에게는 세일 산을 소유로 주었으나 야곱과 그의 자손들은 애굽으로 내려갔으므로. (수 24:2b-4)

여호수아의 신앙은 뿌리가 깊기 때문에, 그는 조상들을 아주 멀리까지 훑는다. 여호수아의 연설은 아브라함의 아버지 데라로부터 시작한다. 데라와 그의 아들들은 다른 신들을 섬겼다. 하지만 아브라함은 먼 길을 떠났고, 그 뒤에 이삭, 그리고 그 뒤에 야곱과 에서가 먼 길을 떠났다. 이것은 모두 익숙한 내용이고, 출애굽에 대해 들어본 적 없는 세겜 사람들에게도 익숙했을 것이다. 하지만 창세기 내러티브의 틈 안에는 여호수아가 암시조차 하지 않았지만, 어쨌든 해박한 청취자라면 들어봤을 내용이 아주 많이 있다.

이 조상들에 대한 언급을 통해 우리는 그 기억에서 두 가지 반복되는 주제에 주목할 수 있다. 한편으로, 어머니 사라와 더불어, 그 뒤를 이은 어머니 리브가와 라헬은 모두 불임이었다. 그들은 임신할 수 없었고, 아이를 가질 수 없었고, 따라서 확실한 미래도 없었다. 세대와 세대를 이어, 마지막 때에, 때가 찼을 때, 하나님은 불가능한 일을 행하셨고, 상속자를 주셨고, 전혀 불가능한 것 같았던 미래를 창조하셨다. 이것은 놀라움을 불러일으키는 기억이다. 다른 한편으로, 이스마엘과 이삭, 에서와 야곱, 요셉과 그 형제 등 모든 세대마다 특히 땅과 우물을 둘러싼 치열한 형제간의 경쟁이 벌어졌다. 분쟁은 미래에 대한 안전 및 복지와 관련 있었기 때문에, 다툼은 격렬했다. (토지 분쟁은 항상 그렇다.) 놀랍게도, 각 세대마다 자격 없는 손아래 자녀가 권리를 요구하여 상속을 받았다. 이것은 머리가 꼬리가 되고 꼬리가 머리가 되는 이야기이고, 세겜 사람들은 그날 이 특이한 이야기를 들었다.

그런데 아들들과 형제들 사이의 긴장 한가운데서, 우리는 여호수아가 이 이야기에서 암시하는 대안적 주제에 주목할 수 있다. 땅과 우물을 둘러싼 이러한 긴장 전면에 가족 의식이 있다. 아브라함이 죽었을 때, 이스마엘과 이삭은 함께 아브라함을 매장하고 유산을 나눈다(창 25:9). 이삭이 죽었을 때, 에서와 야곱은 함께 장례를 치렀다(창

35:29). 그리고 야곱이 죽었을 때, 아들들 사이에 감동적인 화해 장면이 나온다(창 50:15-21). 갈등에도 불구하고 이 가족 구성원들은 서로 교류하고 서로 돌보는 일을 중단할 수 없다.

불가능한 출산과 불가능한 화해라는 두 개의 주요 모티브는 특별한 가족임을 증거한다. 창세기는 깊은 문제를 안고 있는 가족에 대해 얘기한다. 그런데 내러티브가 진행되면서, 문제에 상응하는 치유의 목적이 가족들에게 전해져, 희망을 주고, 미래를 선사하고, 그 과정에서 가족을 치유한다. 여호수아의 간략한 창세기 재서술을 지배하는 것은 '주었다'라는 단어의 삼중적 사용이다.

> 내가 그에게 이삭을 주었다.…
> 내가 야곱과 에서를 주었다.…
> 내가 에서에게 산지를 주었다.

주는 분이 있다. 이것은 선물에 관한 이야기다. 새로움을 주고, 불임과 두려움, 소외, 적대감의 악순환을 깨뜨리는 어떤 힘과 어떤 존재가 역사한다.

분명 우리는 그날 세겜에서 여호수아의 말을 경청하고 있던 사람들이 누구인지 알지 못한다. 그렇기는 하나 시대착오적 행동을 감행해 보자. 그날 세겜이라는 비경쟁 지역에서 온 청중들 중 한 사람, 처음으로 이 기억을 듣기 위해 온 이들 중에 한 사람은 젊은 여성이었다. 그녀는 문제 많은 역기능 가정에서 살았다. 가족 안에는 영토를 둘러싼 끝없는 전쟁과 분쟁, 오래된 몰수 재산으로 인한 미해결 사건이 있었다. 그녀의 가족은 전쟁을 벗어날 수 없었다. 그녀는 무력하고 절망적이고 불가능한 자기 가족의 상황을 올바르게 인식했다. 이 상황은 그녀에게만 절망적인 것이 아니라, 형제자매들과 앞으로 올 세대, 3세대와 4세대까지 이어질 해결 불가능한 운명임을 깨달았다. 그녀는 절망 가운데 살았다.

그날 세겜에서 일어난 접촉점에 대해 상상해 보자. 무기력하게 고통받는 한 가족의 이야기와 똑같이 절망적이었지만 과분한 미래가 선물처럼 찾아와, 영향을 미치고, 새로워진 또 다른 가족 이야기의 접점 말이다. 이것은 아주 오래전에 들려지고 다시 들려지다가 이제 여호수아의 입술을 통해, 이제 세겜에서 전해지고 들려지는 대안적 이야기다. 귀 기울여 듣던 젊은 여성은 그 이야기를 자신의 삶과 자기 가족의 대안적 이야기로 받아들였다. 여성은 그 이야기를 들을 때 자기 가족에게도 주는 분이 없지 않고, 선물이 없지 않고, 새로움의 명시적 사건이 없지 않다는 생각이 떠올랐다. 그날 그녀가 여호수아에게서 들은 것은, 하나님은 절망을 깨뜨리고, 형제자매를 화해시키고, 미래를 보장하고, 안전한 땅을 주신다는 가능성의 이야기였다. 이 가족이나 어떤 가족도 스스로 할 수 없는 일을 하나님은 하신다. 그 이야기를 들으면서, 바로 그 절망에 맞서기로 결심할 때 그녀는 절망의 무게가 가벼워지는 것을 느꼈다.

피곤한 기업체 임원

소식을 선포하던 여호수아는 빠르게 이동했다. 그는 창세기의 기억을 단 세 구절로 처리한다(2-4절). 그런 다음 여호수아는 갑자기 출애굽 내러티브로 들어간다.

내가 모세와 아론을 보내었고 또 애굽에 재앙을 내렸나니 곧 내가 그들 가운데 행한 것과 같고 그 후에 너희를 인도하여 내었노라 내가 너희의 조상들을 애굽에서 인도하여 내어 바다에 이르게 한즉 애굽 사람들이 병거와 마병을 거느리고 너희의 조상들을 홍해까지 쫓아오므로 너희의 조상들이 나 여호와께 부르짖기로 내가 너희와 애굽 사람들 사이에 흑암을 두고 바다를 이끌어 그들을 덮었나니 내가 애굽에서 행한 일을 너희의 눈이 보았으며 또 너희가 많은 날을 광야에서 거주하였느니라. (5-7절)

출애굽 사건의 표현도 많은 구절을 사용하지 않지만, 얼마나 놀라운 이야기인가! 이 기사는 드라마의 핵심 인물로 등장하는 야훼의 일인칭 서술에 의해 지배된다. 야훼는 인간 대리인 모세와 아론을 통해 이스라엘을 방문하셨다. 이 드라마 속에서 동일한 인물 야훼는 권력과 권위를 독점한 야만적인 제국과 대결하신다. 눈에 보이지 않는 이 거룩한 분, 완전히 자유롭고 예측할 수 없는 분은 혼돈의 바다에서 말과 병거로 무장한 제국과 대결하신다. 그 어떤 합리적 예측을 따르더라도, 제국은 노예 공동체에게 승리할 것이다.

하지만 야훼는 카드 게임의 와일드카드와 비슷하다. 제국이 항상 승리할 수는 없다는 사실이 드러났다. 역사 과정에는 아직 길들여지지 않은 기이한 자유가 있기 때문이다. 이 거룩한 능력은 이스라엘을 혼돈의 바다 가장자리까지 데려왔고, 거기서 이스라엘은 자신의 놀라운 미래를 목격했다.

무력한 자들로 이루어진 이 작은 공동체 이스라엘은 커다란 위험에 처해 있었다. 이스라엘은 제국과 제국의 요구와 목표에 묵묵히 순응하는 법을 배웠다. 그런데 이제 이스라엘은 침묵을 깼다. 이스라엘은 두려움과 대담함 속에서 소리쳤다. 자신의 존재와 상처를 알렸다. 이스라엘은 침묵을 깨고 하늘의 거룩한 능력 앞에 커다란 요구를 내놓았다. 이 내러티브의 놀라운 점은 아래로부터의 외침이 위로부터 하나님의 능력을 촉발했다는 것이다. 노예들의 외침에 응답하신 하나님은 어둠과 바다를 움직이셨고, 하나님은 절박한 노예들을 위해 창조 세계를 동원하셨고, 하나님은 혼돈을 구속적으로 관리하셨다. 그들은 결코 예상하지 못했던 방법으로 자유롭게 되었다!

내레이터는 이 이야기에서 자신의 의도를 명확히 밝히지 않는다. "내가 너희의 조상들을 애굽에서 인도하여 내었다"고 말하는 것을 볼 때, 출애굽은 우리 조상들에게 일어난 일인가? 아니면 내레이터가 같은 구절에서 "너희는 바다로 왔다"고 말하는 것을 볼 때, 출애굽은 지금 듣고 있는 우리에게 일어난 일인가? 그 문장은 "내가 너희의 조상들을 애굽에서 인도했고 너희는 바다에 이르렀다"고 말한다. 항상 "그들"이고 항상 "우리"이며, 항상 그때와 지금이고, 항상 거기와 여기다. 세월이 흐르는 동안 이 내러티브를 전하고 듣는 이 공동체의 모든 사람과 관련이 있다는 듯이 말이다.

여호수아가 재서술하는 이 핵심 기억에는 사실 특이한 점이 있다. 바로 지배적인 제국과 순응적인 노예들 사이의 대결로 이해하는 역사적 현실에 대한 계급적 해석이다. 이 이야기는 지배적인 제국의 권위를 무너뜨린 설명 불가능한 강력한 기적에 대해 전해준다. 야훼는 이 이스라엘 백성의 현실 해석에서 강력한 실존 인물로 등장하신다. 이 드라마에는 둘이 아니라, 제국과 유민, 하나님이라는 세 인물이 등장한다. 이 내러티브의 또 다른 특이점은, 순응을 버리고, 자신의 목소리를 발견하여, 이 예속의 위기 속에 와서 함께해 주시도록 야훼께 요구하는 유민들의 외침으로 인해 하나님의 거룩한 능력이 발휘된다는 점이다.

우리는 그날 세겜에서 누가 듣고 있었는지 알지 못한다. 하지만 두 번째 시대착오를 감행해 보자. 그날 회중 안에 있던 사람 중 하나는 벽돌공장에서 일하는 피곤한 기업체 임원이었다. 그는 이집트인이 아니라 유민 중 하나였다. 그는 성실하고 생산적이었기 때문에, 이집트인들의 신임을 받고 중간 관리자의 권력과 권한을 부여받아 감독관이 되었다. 그는 이집트인들의 신뢰를 받았지만 결과적으로 자기 민족들로부터 멸시를 받았다. 그의 삶을 지배하는 현실은 매일의 벽돌 할당량이었다. 그는 훌륭한 벽돌공장을 운영했기 때문에, 복된 인생을 살았다.

하지만 매일의 일과 속에서 그는 두 가지 현실을 깨달았다. 먼저, 그의 대출금 상환은 황제 체제에 계속 매여 있을 때에나 가능했다. 그는 한순간도 느슨해질 수 없었다. 그렇지 않으면 모든 것을 잃을 수도 있었다. 또한 그는 매번 벽돌 할당량을 채울 때마다 이집트인들은 벽돌 양을 늘렸고 그를 더 강하게 몰아붙인다는 것을 깨달았다. 다시 말해, 그는 점점 더 높은 강도로 생산량을 유지해야 했다. 그는 덫에 걸렸고 탈출구가 없었다. 그는 탈진했고 더 이상 자기 일에 관심이 없었지만, 계속 시늉을 해야 했다. 그는 종종 자신의 삶이 사면초가에 몰려 있다는 사실을 경시했다고 생각했다. 그의 계산에 의하면, 은퇴할 때까지 십이 년 하고도 십삼 일이나 남았다. 십이 년은 빌어먹을 만큼 긴 시간이고, 십삼 일도 견디기에 너무 오랜 시간이었다. 그는 회사에서 유약한 사내가 되었고, 살기 위해 자신의 삶에서 매일매일 순응하고 생산해야 한다는 것을 알고 있었다.

여호수아가 다시 들려준 출애굽 내러티브는 이런 절망적인 체념을 받아들이기를 거부한다. 이 내러티브는 다른 곳에 있는 현실에서 시작한다. 이 내러티브는 제국을 위대한 공급자가 아니라 치명적인 형벌로 간주한다. 이 내러티브는 노동자들이 알지 못했고 제국도 고려하지 않았던 드라마 속의 새로운 인물, 야훼에 대해 들려준다. 그렇기는 하나, 이 내러티브의 첫 번째 언급은 "나," 고통과 희망의 새로운 공동체를 만들어 내는 새로운 나다. 이 이야기를 들으면서 회사 로봇 같은 우리가 감지하는 바가 있다. 이 이야기는 순응에 도전하고, 고통을 말로 표현하도록 촉구하고, 제국의 파티를 과감하게 파고들어, 아무런 권위가 없던 곳에 권위를 부여한다는 점이다. 이 지친 남자는 이 이야기가 경건한 종교적 진술이 아니라 경제력과 일자리, 안전과 착취에 관한 이야기라는 것을 깨달았다. 그는 이 이야기가 매우 위험하다는 것을 깨달았다. 굴종에서 벗어나라는 소환은 단호하고 급작스럽다.

하지만 그는 이 내러티브를 들으면서 자신의 절망적인 굴종에 대해 새로운 깨달음을 얻었다. 여호수아는 "내가…너희를 인도하여 내었다"고 말했다. 자신이 이미 벗어날 수 없는 덫에 갇혀 있다고 생각하던 남자는 이제 "내가…너희를 인도하여 내었다"는 말을 듣는다. 인간의 용기를 통해, 위기와 위험을 통해, 거룩한 신비를 통해 나는 너를 인도해 냈다. 그 결과 이제 덫에 갇히지 않은 삶이 있다. 남자는 자신이 너무 굴종하는 삶을 살았고, 그래서 자신을 죽이고 있고, 이제 다른 방법을 시도해 보겠다고 생각하기 시작했다. 이제 그의 인생 드라마에서 새로운 출발을 지지하는 또 다른 분이 있기 때문에, 그는 노력할 것이다. 굴종에서 벗어나 자기를 주장하는 것은 그가 상상할 수 있는 가장 위험한 행동이다. 그는 그 이야기가 정직하다는 것도 깨달았다. 그 이야기는 이렇게 끝났다. "너희가 많은 날을 광야에서 거주하였느니라." 모든 부수적 혜택이 사라진 광야에서, 보장도 없는 광야에서 말이다. 그는 위험을 감수할 만한 가치가 있다고 생각했다. 그는 거대한 해방에 상응하는 작은 출발의 몸짓을 자신의 삶 속에 들여오기 시작했다.

영원한 하층민의 일원

여호수아는 이 긴 연설을 결국 광야에서 끝내지 않는다. 그는 세 번째 이야기, 즉 땅의 선물에 관한 내러티브로 신속하게 이동한다.

내가 또 너희를 인도하여 요단 저쪽에 거주하는 아모리 족속의 땅으로 들어가게 하매 그들이 너희와 싸우기로 내가 그들을 너희 손에 넘겨 주매 너희가 그 땅을 점령하였고 나는 그들을 너희 앞에서 멸절시켰으며 또한 모압 왕 십볼의 아들 발락이 일어나 이스라엘과 싸우더니 사람을 보내어 브올의 아들 발람을 불러다가 너희를 저주하게 하려 하였으나 내가 발람을 위해 듣기를 원하지 아니하였으므로 그가 오히려 너희를 축복하였고 나는 너희를 그의 손에서 건져내었으며 너희가 요단을 건너 여리고에 이른즉 여리고 주민들 곧 아모리 족속과 브리스 족속과 가나안 족속과 헷 족속과 기르가스 족속과 히위 족속과 여부스 족속이 너희와 싸우기로 내가 그들을 너희의 손에 넘겨주었으며 내가 왕벌을 너희 앞에 보내어 그 아모리 족속의 두 왕을 너희 앞에서 쫓아내게 하였나니 너희의 칼이나 너희의 활로써 이같이 한 것이 아니며 내가 또 너희가 수고하지 아니한 땅과 너희가 건설하지 아니한 성읍들을 너희에게 주었더니 너희가 그 가운데에 거주하며 너희는 또 너희가 심지 아니한 포도원과 감람원의 열매를 먹는다 하셨느니라. (8-13절)

이것은 여호수아 자신이 무언가 알고 있는 이야기다. 모세는 창세기의 약속이 지켜지는 것을 결코 보지 못했고 광야 저편에 결코 들어가지 못했기 때문에, 여호수아는 모세 이야기를 마무리해야 했다. 여호수아는 모세가 이르지 못한 곳에 이르렀다. 그는 이 대담한 유민들을 자기 땅으로 데려와 이야기를 완성하시려는 야훼의 강한 결심을 알고 있었고 그것에 대해 전했다. 그들이 도착한 땅은 비어 있지 않았다. 그 땅은 이미 소유자가 있었고, 그 땅에 대한 기존의 소유권을 주장하는 이들을 이겨야만 했다. 여호수아 내러티브의 중심에는 토지 분쟁과 갈등, 침략, 폭력 이야기가 있다. 나중에 그곳에는 다른 사람의 땅을 점령하는 것에 대한 까다로운 질문이 제기될 것이다. 하지만 그것은 나중 이야기다. 위기의 순간에 '갖지 못한 자'는 사회적 갈등 한가운데서 자질구레한 것에 크게 염려하지 않는다. 그들은 할 수 있는 조치를 취해야 하고, 아브라함과 사라의 하나님은 미래의 날을 위해 그들에게 땅이 없기를 바라지 않으셨다는 것을 알아야 한다. 따라서 가나안 땅, 팔레스타인, 이스라엘(이름에 유의하라)은 지금도 계속 그렇듯이 폭력이 난무하는 혼란의 장이 되었다. 이 이야기는 단순히 인간의 갈등에 관한 것이 아니다. 이 내러티브는 거룩한 하나님이 온종일 분투해야 했던 땅 없는 유민들과 동맹을 맺고 있다고 대담하게 주장한다.

축복하고 저주하는 능력은 결정적이다. 전쟁을 할 때 선전은 중요하고, 적을 단죄하고 비난하는 능력은 강력하다. 그런 이유로 이 교활한 모압 왕은 선전 담당관 발람을 고용한다. 그는 발람을 고용하여 침략하는 이스라엘을 악마화한다(저주한다). 하지만 발람은 저주할 수 없다. 발람이 말할 때 그의 말은 축복으로 나오기 때문이다. 마치 하나님이 입을 막으신 것 같다. 하나님은 발람으로 하여금 모압의 전쟁 노력을 정죄하고 침략자들을 지지하게 하신다. 이 이야기의 중심에는 관습을 깨고 이 보잘것없는 사람들에게 새로운 기회를 주시는 하나님, 창세기 내러티브에서 이미 예고된 안전한 곳을 그들에게 주시는 하나님이 계신다.

여호수아 연설의 이 내러티브 단락은 하나님이 내리시는 놀라운 판결로 끝난다.

내가 또 너희가 수고하지 아니한 땅과 너희가 건설하지 아니한 성읍들을 너희에게 주었더니 너희가 그 가운데에 거주하며 너희는 또 너희가 심지 아니한 포도원과 감람원의 열매를 먹는다 하셨느니라. (13절)

너희는 수고하지도 않았고, 건설하지도 않았고, 심지도 않았다. 하나님은 다른 사람들이 건설하고 심은 것을 너희에게 주신다. 하나님은 그들의 것을 너희에게 허락하신다. 하나님이 행하셨기 때문에, 너희에게는 그것을 누릴 권리가 있다.

우리는 그날 세겜 집회에 대해 알지 못한다. 하지만 세 번째 시대착오를 감행해 보자. 현장에 있던 이들 중에 영구적인 하층민의 일원이 있었다. 그는 군중의 가장자리에 있었다. 그는 머리를 깎지 않아 단정하지 못했고, 감히 머리를 들지 못했다. 그는 어떻게 중산층 노동자에서 이탈했는지 거의 기억할 수 없었지만, 그것은 회복 불가능한 추락이었다. 그는 시장 이데올로기의 주장을 믿을 만큼 충분히 오랫동안 들어왔다. 그는 열심히 노력하면 번영할 수 있다고 믿었다. 따라서 이제 그가 번영하지 못하는 것은 명백히 그의 잘못이었다. 그는 제도를 탓하지 않고 자신을 탓했다. 그는 이 가난과 그로 인한 누추한 외모가 당황스럽고 부끄러웠지만 그 과정을 되돌릴 만한 힘은 그에게 전혀 없었다. 그는 권리를 박탈당해 불우한 자신의 사회적 위치를 이해했다. 그는 억울한 마음으로 들끓었지만, 자기 자리를 지키는 방법을 알고 있었다. 그곳은 적절한 생명 유지 시스템이 없는 깊고 광활한 광야였다. 그는 대부분 멍하게 있었고, 단지 잠시 많은 이들 속에 어울려 소외감을 깨기 위해 모임에 참석했다. 하지만 그는 진행 과정에 거의 귀 기울일 수 없었다.

그러던 중 여호수아가 폭동에 대해 하는 말을 들었다.

> 너희가 수고하지 아니한 땅…너희가 건설하지 아니한 성읍들…
> 너희가 심지 아니한 포도원과 감람원….(13절)

아니, 폭동이 아니었다. 그것은 선물이요 약속이요 제안이었다. 그는 불리한 조건의 치명적인 수렁을 알았고, 재화 재분배의 제안이 무엇인지 알았다. 이것은 사회의 실재 재화에 대한 이야기이기 때문에 낭만적인 비전이 아니었다. 이 이야기는 다른 사람들이 가진 것을 빼앗는 것과 관련 있기 때문에 폭력의 조짐이 느껴진다. 이 이야기는 희망의 행동이자 불리한 조건의 역전에 관한 언급이다. 이 후줄근한 남자는 이 이야기를 들으면서 자신이 그렇게 신봉했던 가나안의 이야기와 달리, 소유할 권리와 자신의 삶을 소중히 여길 권리를 되찾는 것이 하나님의 뜻이라는 생각이 들었다.

이 이야기에서 항상 그렇듯이, 우리는 이런 권리 회복 이야기를 듣는 것이 폭력으로 이어질지 알 수 없다. 폭력은 일어날 수도 있다. 이 이야기는 하나님이 소외된 사람들에게 주신 권리가 무엇인지 일깨우기 때문에, 이 이야기에는 폭력의 잠재력이 있다. 혹은 이 이야기를 듣기만 해도 희망이 생겨나고, 박탈 이데올로기가 무너지고, 권리 회복 열망이 일어나고, 해방된 자기 권리 주장이 시작될 수도 있다.

다시 서술된 삶

그날 여호수아가 기억의 회상을 끝마쳤을 때, 세겜에는 13절 마지막에 고요가 감돌았다. 이야기가 올바르게 표현될 때 항상 그렇듯이, 회중들 안으로 전기가 흘러들었다. 여호수아는 세겜에 모인 청중들에게 세 가지 이야기의 세계를 제시했다. 이 세 이야기로 된 우주에는,

- 절망적인 가정환경 속에 있던 한 젊은 여성이 있다. 그녀는 가족을 기쁘게 하거나 가족을 구원할 수 없고, 깊은 절망에 빠져 있다. 그런데 그녀가 여호수아로부터 들은 것은 새로운 가능성이다. 이야기 속의 가족처럼 그녀의 가족도 치유되고 변화될 수 있다.
- 군중 속에 한 중년의 기업체 임원이 있다. 그는 제국을 만족시킬 수 없지만, 확신 가운데 굴종을 실천하는 사람이다. 그는 생산적인 방식으로 순응하기 때문에 아주 잘살고 있다. 그가 여호수아의 연설에서 들은 것은 출발이다. 그는 현재의 안녕이 위험에 처하더라도, 자신의 굴종을 깨겠다고 생각할 만큼 감동을 받는다.
- 모임의 언저리에는 집 없는 한 남성이 있다. 그는 무질서와 궁핍에 깊이 빠져 있는데, 그는 이것을 패륜이라고 여긴다. 그가 듣는 것은 권리 회복, 즉 그가 일류 시민권을 보유할 수 있는 충분한 땅을 얻는 것이다.

그날 세겜에서 이야기를 들었던 다른 많은 이들은 틀림없이 자신들의 삶을 다르게 인식했을 것이다. 그런데 이야기를 듣기 위해 모인 사람들의 전형인 이 세 사람에게 주목해 보자. 그들은 죽음의 이야기를 너무 오랫동안 신봉해 온 외부인이다. 그들은 다음과 같은 이야기에 사로잡혀 있다.

- 영구적인 역기능으로 굳어진 가족의 이야기
- 만족을 모르는 요구를 내놓는 제국의 이야기
- 어떠한 대안적 희망도 없는 주변인의 이야기

이제 여호수아는 다음과 같은 위험한 기억을 수집한다.

- 역기능 이야기는 가능성으로 다시 서술된다.
- 요구 이야기는 출발로 다시 서술된다.
- 주변인의 이야기는 권리 회복 이야기로 다시 서술된다.

이 세 사람은 새로운 이야기를 들었다. 그날 그들이 들은 이야기는 이전에 들어본 적 없고, 감히 상상조차 해본 적 없는 이야기였다. 그것은 거룩한 분이 핵심 인물로 등장했고, 그로 인해 이야기와 관련된 다른 모든 것이 바뀐 이야기였다.

- 창세기에서, 하나님은 불가능의 원인이시다.
- 출애굽기에서, 하나님은 출발을 승인하신다.
- 여호수아서에서, 하나님은 성읍과 포도원을 주신다.

이 이야기는 결정적인 새로운 인물을 제시한다. 새로운 인물은 거의 신뢰할 수 없고, 이야기 속 인물로만 나올 수 있다는 점에 유의하자. 나는 이 세 사람이 자신들의 삶에서 어떻게 이 인물이 나오지 않는 이야기를 받아들이게 되었는지 궁금하다. 이 이야기에 나오는 하나님이라는 등장인물은 현대 세계에서 신뢰하지 않기 때문에, 분명 다른 이야기들이 받아들여졌을 것이다. 그와 같은 인물은 지적으로 불가능하고, 따라서 당혹스럽기 때문이다. 하지만 문제는 지적인 문제가 아닐 가능성이 더 크다. 현상을 옹호하는 권력자들이 다른 이야기, 거룩한 목적과 거룩한 능력이 중심에 있지 않는 이야기를 효과적으로 옹호했기 때문에, 이 하나님 이야기는 거부되었을 가능성이 더 크다. 거룩한 능력과 거룩한 목적이 없는 그 이야기에서,

- 여성의 가족은 우리가 공유한 역기능이 지배적인 진실이라고 선언하는 이야기로 축소되었다.
- 기업체 임원은 바로가 절대적이고 바로가 가장 잘 안다는 주장에 흡수되었다.
- 집 없는 남성은 자신의 삶에서 절망적인 운명의 모든 책임을 받아

들였다.

하나님 없이 완벽하게 믿을 만한 이 이야기들은 삶에 대한 모든 희망과 가능성을 모든 화자와 모든 청중에게서 빼앗아갔다.

이제 여호수아는 그들 각자의 삶을 재구성했다. 깜짝 놀란 청중들은 자신의 삶에 대한 새로운 이야기를 들으면서 지적 당혹감에 대해 걱정하지 않았다. 그들은 자신들에 대해 다르게 상상하게 만드는 내러티브의 힘에 이끌려 설득되었다. 그들은 이전에 한 번도 자기들에게 전해진 적 없는 하나님에 관한 이야기를 들으면서, 동시에 자신에 관한 새로운 이야기를 들었다는 것을 깨달았다. 그들은 이렇듯 새롭게 듣는 순간 다음과 같이 되었다.

- 가능성에 열려 있는 여성
- 출발할 수 있는 남성
- 이제 권리를 회복한 남성

여호수아가 잘 이해했듯이, 이것은 이 기억이 작동하는 방식이다. 이 하나님의 이야기는 세상의 다른 사회적 관행에 대한 승인이다. 여호수아가 이렇게 말한 뒤 세겜 주변 지역은 다시 예전과 동일하지 않을 것이다. 세 가지 모든 이야기를 전했고 들었고, 이 세 이야기는 놀랍고 위험한 방식으로 반향을 일으킬 것이기 때문이다. 이 이야기로 인해 모든 삶은 재구성된다. 복음의 전달자 여호수아의 임무는 모든 현실을 완전하고 급진적으로 재구성하는 것이다.

이야기에 근거한 명령

이제 여호수아는 긴 설명을 끝낸 후 연설의 힘든 부분에 이르렀다(14-15절). 본문의 전환점은 "그래서 어떻다는 거야?"로 표시된다. "그러므로 이제" 너희는 무언가 해야 한다. 기억은 현재에 영향을 미치고, 여호수아는 내러티브의 직설법을 긴급한 명령법으로 바꾼다.

명령은 세 부분으로 나뉜다. 먼저 야훼와 관련된 적극적 명령이 있다.

- 야훼를 경외하라. 즉 야훼를 지극히 진지하게 받아들이라.
- 야훼를 섬기라. 즉 언약을 맺고 이 유일하고 단호한 야훼의 주권을 인정하라.
- 야훼를 경외하고 "온전함과 진실함"으로 섬기라.

NRSV에서 "온전함"으로 번역된 히브리어 단어는 '타밈'으로, 분리나 모호함, 유보가 없는 온전함과 완결성을 의미한다. 온전히 신뢰하면서 전심으로 행하라.

이 명령은 이 선택과 이 새로운 충성을 타협하지 않고 양보하지 않아야 한다는 것을 가급적 강력하게 진술한다. 그렇다면 그러한 선택은 무엇을 동반하는가? 여호수아는 이렇게 촉구하면서, 세겜의 청중들이 방금 들려준 이야기를 선택하고 그 이야기 속에서 역사하는 하나님을 선택하도록 의도한다.

- 창세기의 이야기를 선택하라. 젊은 여성이 새로운 가능성의 이야기를 선택하게 하라.
- 출애굽의 이야기를 선택하라. 기업체 임원이 출발 이야기를 선택하게 하라.
- 여호수아의 이야기를 선택하라. 집 없는 사람이 권리 회복 이야기를 선택하게 하라.

우리는 야훼의 이야기를 떠나서는 야훼를 알 수 없고, 그 이야기는 내러티브에 개입하는 야훼의 능력으로 인해 변화된 사회 경제적, 정치적 현실과 관련 있다. 새로운 하나님을 선택하고 세상에 대한 재정의를 선택하라.

둘째, 여호수아의 명령은 이 적극적인 선택에 뒤따르는 대가인 소극적인 선택을 진술한다. 강 저편과 이집트에서 너희 조상이 섬기던 신을 버리라. 다른 신들을 제거하고 버리라. 야훼의 이야기를 받아들인다면 다른 충성은 있을 수 없다. 이 요구는 개인적이든 사회적이든, 사적이든 공적이든, 삶의 모든 국면에 심오한 영향을 미치는 양자택일이다.

창세기 35:1-4에는 '버리는 것'에 대해 언급하는 밀접하게 관련된 내러티브가 나온다. 야곱은 세겜 연설을 통해 일행에게 이렇게 명령한다.

너희 중에 있는 이방 신상들을 버리고 자신을 정결하게 하고 너희들의 의복을 바꾸어 입으라 우리가 일어나 벧엘로 올라가자 내 환난 날에 내게 응답하시며 내가 가는 길에서 나와 함께하신 하나님께 내가 거기서 제단을 쌓으려 하노라. (2b-3절)

알브레히트 알트는 이것이 세겜에서 벧엘을 향해 순례할 때 정기적으로 시행하던 의식이고, 신들의 교체를 상징하던 극적인 의식이라고 주장했다.[3] 흥미롭게도 야곱은 세겜 근처에 있던 상수리나무 아래에 이방 신들을 숨겼다(4절). 여호수아가 집회를 개최한 세겜은 더 오래된 전통에서 이스라엘이 특정 종류의 의복과 장신구로 상징되는 다른 신들을 버렸던 장소다. 큰 대가를 치르면서 다른 충성, 다른 두려움, 다른 희망, 다른 이익을 포기하기 전까지, 우리는 야훼를 받아들일 수 없다.

내가 보기에, 신약 성경에서 이러한 소극적 명령과 적극적 명령이 가장 대담하게 병행되는 곳은 에베소서와 골로새서다.[4] 에베소서

4장에서 저자는 엄격한 명령을 제시한다.

> 너희는 유혹의 욕심을 따라 썩어져 가는 구습을 따르는 옛 사람을 벗어 버리고 오직 너희의 심령이 새롭게 되어 하나님을 따라 의와 진리의 거룩함으로 지으심을 받은 새사람을 입으라. (엡 4:22-24)

버려야 할 것은 이전의 생활 방식, 옛 사람, 옛 정체성이다. 입어야 할 것은 하나님의 거룩함과 의를 따르는 새사람이다. 다음 단락에서, "벗어 버리는 것"에는 거짓(25절)과 악독, 노함, 분 냄, 떠드는 것, 비방, 악의가 포함된다(31절). 그 자리에 불쌍히 여김과 용서가 와야 한다(32절). 옷 은유에 유의하자. 따라서 벗고 입는 과정은 옷을 갈아입는 것과 비슷하다. 이 은유는 창세기 35장의 제의적 행위와 아주 비슷하다.

골로새서 3:5-14에서도 동일한 행동이 분명히 확인된다. 소극적인 명령은 무엇이든 땅의 것, 즉 음란과 부정, 사욕, 악한 정욕, 탐심(곧 우상숭배)을 "옛 사람과 그 행위를 벗어 버릴" 때까지 "죽이는 것"이다(9절). 적극적인 명령은 10절에서 바로 이어진다. 너희는 "새사람을 입었으니…자기를 창조하신 이의 형상을 따라 지식에까지 새롭게 하심을 입은 자"다(10절). 이 새로운 자아는 긍휼과 자비, 겸손, 온유, 오래 참음의 옷을 입는다(12절). 최종 결론은 이것이다. "이 모든 것 위에 사랑을 더하라 이는 온전하게 매는 띠니라"(14절).

옷의 변화와 자아의 변화에 대한 이런 진술은 일반적으로 세례와 관련된 행동이라고 보인다. 새로운 자아를 가시적으로 상징하기 위해 극적인 옷의 변화가 있었을 것이다. 세례는 극적인 정체성 재규정 행위다. 이 의식적 행동은 세겜에서 처음에 야곱이, 그 뒤에 여호수아가 행한 두 가지 행동과 연속성이 있다는 점에 유의하자. 성경의 하나님과 복음을 받아들이는 것은 극적이고 급진적이며 전면적인 변화를 동반한다.

여호수아 24장에서 야훼를 섬기는 것이 야훼의 이야기를 받아들이는 것이라면, 조상들의 신들을 버린다는 것은 무엇을 의미할까? 나는 이 요구가 더 이상 다른 신들의 이야기가 정체성이나 인식, 상상력을 형성하도록 허용하지 않는다는 의미라고 제안한다.

- 젊은 여성이 이 가능성의 이야기를 받아들일 때 그녀는 절망의 이야기를 벗어야 한다.
- 피곤한 임원이 출발의 이야기를 입을 때, 그는 굴종의 이야기를 벗어야 한다.
- 집 없는 사람이 권리 회복 이야기를 입을 때, 그는 박탈과 불리한 조건의 이야기를 벗어야 한다.

신을 바꾸는 것은 이야기를 바꾸는 것이고, 이는 '세계를 교체'하는 것이다.[5]

여호수아의 세 번째 명령은 우리의 관심을 덜 끈다. 여호수아는 만약 야훼를 선택하는 것이 너희 보기에 악하다면 다른 두 가지 선택지가 너희에게 있다고 결론을 내린다. 너희는 메소포타미아의 신들이나 이집트의 신들을 선택할 수 있다. 두 가지 모두 선택이 가능하다. 하지만 만약 너희가 이 가운데 하나를 선택한다면, 방금 전달된 야훼의 내러티브를 소유할 수는 없다. 여호수아의 마지막 선택 진술과 관련하여 두 가지가 떠오른다. 먼저, 여호수아는 구걸하거나 강요하거나 심지어 설득하려고도 시도하지 않는다. 여호수아는 단지 선택지를 제시하고 결단을 요구하지만, 그는 다른 선택지를 가지고 살 수도 있다. 이 이야기를 받아들일 때 여호수아에게는 어떤 위험도 뒤따르지 않는다. 둘째, 여호수아는 적극적인 선택 때문에 감동을 받거나 소극적인 선택 때문에 단념하지 않는다. 여호수아 자신은 어떤 의심도, 어떤 비판적 성찰도 하지 않는다. 그는 자기 집이 어떻게 할지 명확히 밝힌다.

오직 나와 내 집은 여호와를 섬기겠노라. (15절)

여호수아는 거칠 것 없이 자유롭다. 그는 다른 사람들을 초대하는 그 이야기에 온전히 헌신해 있다.
여호수아 24장은 이스라엘의 표준적인 복음의 기억에 근거하여 현실을 강력하게 재구성하는 여호수아에서 시작된다. 기쁜 소식은 이 재구성을 듣는 이들은 다시 선택할 수 있다는 것이다. 세겜에서 누구도 낡은 충성이나 낡은 신들, 낡은 이야기에 얽매이지 않는다. 따라서 젊은 여성은 절망에 갇히지 않고 다시 선택할 수 있다. 지친 임원은 절망적인 굴종과 순응에 갇히지 않고 다시 선택할 수 있다. 집 없는 사람은 불리한 조건과 박탈감에 갇히지 않고 다시 선택할 수 있다. 누구든 모든 사람은 아주 다른 곳에서 다시 삶을 시작할 수 있다. 이 이야기는 새로운 선택의 근거를 제공하고, 이제 여호수아 자신도 명백히 생명을 주는 삶의 방식을 다시 선택한다.

새로운 언약 정체성

우리는 이 세겜 만남의 나머지에 대해서 더 간략하게 논할 수 있다. 재구성된 긴급한 초대 뒤에 냉정하고 엄중한 계산이 나온다. 여호수아는 이스라엘을 비롯한 다른 청중들에게 자신들의 결정을 신중하게 따져보라고 경고한다. 듣고 있던 공동체는 즉시 서약과 헌신, 그리고 결연한 결단으로 여호수아에게 응답한다. 그들은 야훼를 버리지 않을 것이다(16절). 다른 신들은 전혀 매력을 갖지 못할 것이다. 실제로 17-18절에서 아모리 족속을 언급하면서 12-13절의 내러티브를 여호수아에게 다시 들려주는 것을 볼 때, 이 모임은 잘 경청했다고 보인다. 이 열성적인 청중들은 새로운 이야기를 받아들인다. 그들은 야훼가 결정적으로 이 구원과 성취 내러티브에 속해 있음을 이해하고, 이제 자신들도 이 이야기에 속해 있다고 고백한다. 마지막으로, 17-18절의 진술이 끝난 후, 18절 끝에서 판결이 확정된다.

> 그러므로 우리도 여호와를 섬기리니 그는 우리 하나님이심이니이다.(18절)

함축적으로, "우리는" 다른 누구에게도 속하지 않는 "야훼의 백성"이라는 의미다.

하지만 이 결정은 힘들고 진지하고 위험하다. 여호수아는 손쉽고 용이한 선택을 허용하지 않을 것이다. 그는 이렇게 야훼를 선택하는 것은 위험하고 부담스러운 행동임을 충분히 고려하라고 강조한다. 이 순종은 쉽지 않기 때문이다. 여호수아는 야훼를 섬기는 것은 불가능하다는 사실을 새로운 지지자들에게 상기시킨다. 야훼는 거룩하고 질투심이 많고 용서하지 않으시기 때문이다(19절). 이것은 쉬운 종교도 아니고, 값싼 은혜도 아니고, 편안한 환영도 아니다. 만약 너희가 서명한다면, 기대치는 엄정하고, 요구는 가차 없고, 불길한 심판의 위협이 뒤따를 것이다.

여호수아의 엄중한 경고에 응답하는 공동체의 결의는 단호하다.

우리도 여호와를 섬기리니.(18절)

우리가 여호와를 섬기겠나이다.(21절)

우리가 증인이 되었나이다.(22절)

우리 하나님 여호와를 우리가 섬기고 그의 목소리를 우리가 청종하리이다.(24절)

이것은 여호수아와 회중 사이에 빠르게 오간 대화다. 여호수아는 회중이 이 이야기에 합류하지 말라고 계속 말하려고 한다. 역으로 회중은 위험을 이해하고, 그럼에도 불구하고 이 이야기 안에 들어가기 원한다고 계속 주장한다.

복음 전도라는 우리의 주제에서, 특히 교회 성장에 한눈을 팔고 있는 상황에서 이것은 독특한 대화라는 점에 주목할 만하다. 이것은 외부인이 내부인이 되는 극적이고 상서로운 순간이지만, 그들은 자신들의 생명을 걸고 그렇게 한다. 사실, 들어오기를 주저하는 사람들을 초대하고 설득한다는 우리의 일반적인 통념과 반대로, 이 본문은 들어오기를 열망하는 외부인과 야훼와 이스라엘의 이야기로 들어가려는 모든 손쉬운 결정을 방해하고 좌절시키려고 애쓰는 문지기 여호수아의 모습을 보여준다.

공동체의 끈질긴 서약에 근거하여 여호수아는 언약을 체결하는 결정적인 행동을 한다.

> 그날에 여호수아가 세겜에서 백성과 더불어 언약을 맺고 그들을 위하여 율례와 법도를 제정하였더라.(25절)

전체 본문은 이 결정적인 순간을 향해 전개되어 왔다.

우리는 이런 여호수아의 행동에서 네 가지 항목에 주목할 수 있다. 먼저, 이 공동체는 야훼의 성품 및 목적과 떼려야 뗄 수 없이 또한 불가역적으로 결속되어 있다. 야훼는 이제 이 백성과 불가역적으로 또한 떼려야 뗄 수 없이 결속되어 있다. 야훼는 결코 이 백성을 다시 떠나지 않으실 것이고, 이 공동체는 결코 야훼를 다시 떠나지 않을 것이다. 이 결속은 확신이지만, 값비싼 확신이다. 그렇게 하기 위해 야훼께서 가장 깊은 관심을 갖고 계시는 것들에 공동체 편에서 헌신해야 한다고 요구한다. 우리가 이미 살펴보았듯이, 여기에는 아이가 없는 역기능 가정에 희망을 주고, 짐을 지고 있는 사람들에게 자유를 주고, 소외된 사람들에게 땅의 권리를 되찾아주는 것이 포함된다. 이 충성 서약을 통해, 새로운 내부인은 이렇게 정체성을 부여하는 내러티브를 통해서만 알 수 있는 이런 문제들에 깊은 관심을 갖겠다고 서약한다.

둘째, 이런 결속 관계의 표현 방식은 언약이다. 언약이란 신뢰할 만한 상호성을 의미한다. 언약은 홀로 권좌에 설 수 있는 자율적인 두 당사자 사이의 계약이 아니라, 연약함 속에서 서로를 자유롭게 놓아주고 상대방의 삶을 받아들이고 상호 의존 속에 살아가는 관계다.

이와 같은 단계를 통해 언약을 맺음으로써, 야훼는 다른 어떤 신과도 다른 신이 되고 이스라엘은 다른 어떤 백성과도 다른 백성이 된다(신 4:7-8 참조).

셋째, 이런 상호 헌신은 다른 신들과 그들의 이야기뿐만 아니라 다른 신들의 선물, 즉 자기 충족과 통제, 자기 확장의 선물에 대한 거부를 동반한다. 여호수아가 손쉬운 언약을 거부한 것은 당연하다. 이 언약의 요구 사항에는 세상이 가치 있고 타당하다고 여기는 다른 많은 것들에 대한 거부가 포함되기 때문이다.

넷째, 여호수아는 마침내 구체적으로 파고들어 이스라엘을 위한 법규와 규례를 제공한다. 다시 말해, 여호수아는 모세의 역할을 모방하면서 엄격하고 구체적인 순종 아래 이스라엘을 둔다. 그는 계명을 내놓는다. 야훼에게 합류할 때, 우리는 무거운 순종을 받아들인다. 야훼의 언약의 율법은 고압적인 율법주의가 아니고, 옹졸한 이기적 도덕주의도 아니다. 언약의 율법은 오히려 언약적 인류의 지평을 정의하는 경계요 한계다. 율법은 각자의 존엄성을 보호하고 각자의 자존심을 지켜주어야 한다.

여기서 이런 복음의 재현에 속하는 의무가 무엇인지 살피는 것은 필요하지도 않고 가능하지도 않다. 여러분도 알다시피, 그 의무는 하나님 사랑과 이웃 사랑으로 구성된다. 나는 십계명의 처음 세 계명에서 '하나님 사랑'은 하나님이 수단이 아니라 목적이심을 의미한다고 생각한다. 하나님께는 공리적 가치가 없다. 세상을 품는 하나님의 거룩한 힘은 우리의 이익과 이념으로 이용될 수 없다. 반대로, 5계명부터 10계명에 의하면, 이웃은 수단이 아니라 목적이고, 이웃은 우리의 이익이나 이념 혹은 프로그램으로 활용되거나 조작되거나 이용되지 않고 그 자체로 존중되고 존경받고 평가되어야 한다. 패트릭 밀러가 보여 주었듯이, 안식일에 관한 4계명은 하나님 사랑과 이웃 사랑을 하나로 묶는다. 하나님과 이웃에게는 모두 쉴 권리가 있기 때문이다.[6] 안식일은 하나님이나 이웃에 대한 공리주의적 접근을 거부하고 하늘과 땅 둘 다에 대해 다른 비전을 품는다.

이렇게 서약을 체결하는 순간, 세겜의 공동체는 세상과 가나안 땅에서 독특한 정체성과 소명을 자기 자신에게 부여한다. 고대 세계와 현대 세계에서, 이것은 위험한 존재가 되는 결단이다. 이들은 세상의 교활한 착취 방식을 거부하는 공동체이기 때문이다. 이 언약 체결 행위를 통해, 모든 삶은 야훼의 특별한 주권 아래 놓인다. 유보되는 것은 아무것도 없다. 창세기에서 대안적 가족 모델에 대해 들은 여인의 경우처럼, 이 주권의 범위에는 가족이 포함된다. 출애굽기에서 해방된 경제 모델을 발견한 임원의 경우처럼, 이 주권의 범위에는 경제도 포함된다. 여호수아의 제안을 들은 집 없는 남자의 경우처럼, 이 주권의 범위에는 토지 재분배도 포함된다. 가족, 경제, 토지 등 존재의 핵심 영역이 새로운 통치 범위 아래 놓인다. 자유와 안전, 책임, 충족의 영역은 이제 모두 다른 방식으로 규정된다.

이러한 새 공동체의 형성은 우리의 내러티브에서 공적인 순간의 재현으로 표현된다. 그 순간에, 이 새로운 공동체는 이제 자신들이 매우 다른 의도를 가진 공동체임을 모두가 알 수 있도록 단언한다. 세 명의 모든 외부인이 내부인으로 서명했다. 그들은 가능성과 출발, 권리 회복이라는 세 이야기의 세계를 받아들인다. 이 세 이야기의 우주에서 사람들은 하나님을 다르게 듣고 신뢰한다. 이웃은 다른 방식으로 인정되고, 세상은 언약적 상호성이 주도하는 장소로 받아들여진다. 이런 언약적 존재 방식의 대안은 절망과 굴종, 불이익만 주는 강 건너편의 신들이다. 여호수아의 사람들은 끊임없이 "벗고 입고," 언약의 옷을 입고, 세례의 옷을 입고, 새로운 순종의 옷을 입고, 올바른 생각의 옷을 입는다. 여호수아가 경고하는 "부인"(27절)이란 언약에서 이탈하여 외부인의 치명적 세계로 미끄러지는 것이다. 내부인의 역할은 부담스럽지만 치유하고 마침내 생명을 준다. 이것은 정녕 기쁜 소식이다. 언약적인 방식으로 형제와 자매를 사랑하는 것은 새로운 삶으로 부활하는 것이다. 즉 역기능 가족을 위한 새로운 삶, 탈진한 제국의 대리인을 위한 새로운 삶, 절망적인 주변인을 위한 새로운 삶, 열심히 경청하고 선뜻 대답하는 새로운 계절의 새로운 삶 말이다(요일 3:14 참조).

여호수아 24장은 세겜에서 일어난 어떤 역사적 사건에 뿌리를 두고 있다. 하지만 이 사건이 성경에서 중심적 위치를 차지하는 이유는, 이것이 중요한 역사적 기록이기 때문이 아니라, 앞으로 계속 반복해서 일어날 그와 같은 변혁적 만남의 원형이기 때문이다. '가나안인'을 비롯한 다른 외부인이 '이스라엘 백성,' 즉 야훼와 동맹을 맺고 언약의 이웃 사랑 실천에 헌신하는 백성이 되는 이 '지도'는 현대 복음 전도의 문제와 밀접히 관련된 '지도'다. 탐욕과 무관심의 신들에 의해 정당화되는 '가나안적인'(즉 비언약적인) 사회 관계에 대한 헌신은 우리와 무관하지 않다. 따라서 여호수아가 주도한 이 모임은 그 이후 생겨날 수많은 재현과 복제를 위해 주어진 것이고, 이것이 본문의 정경적 의도다. 이러한 재현과 복제를 통해 이 대안적 기억과 대안적 약속, 대안적 명령으로 사람들을 초대한다. 이것은 결코 수월한 모임이 아니다. 그럼에도 불구하고, 이 초대를 통해 우리는 매우 다른 삶, 내부인만이 알 수 있는 '대가와 기쁨'을 포용할 수 있다.

3장
망각한 자가 기억하는 자가 되다

이제 우리는 두 번째 복음 전도 대상, 즉 믿음에 대해 무관심하고, 싫증 나고, 지치고, 냉소적인 신앙의 내부인을 다룬다. 신앙의 '외부인'이 복음 전도의 적절한 목표가 되어야 한다는 것은 누구에게나 분명하다. 하지만 내부인에게도 복음 전도가 필요하다는 것은 그렇게 분명하지 않다. 3장에서 우리는 내부인이 어떻게 신앙의 활력을 되찾는 주요 대상이 될 수 있는지 살펴보려고 한다.

고대 이스라엘의 세계에서, 신앙 공동체는 땅—안전과 풍요, 번영, 안녕—이라는 놀라운 선물을 하나님에게 받았다. 두 본문, 신명기 8장의 설교와 예레미야 3장의 시는 그 경이로운 선물과 그 잠재적 유혹에 대해 성찰한다.

모세와 예레미야의 오래된 목소리는 이스라엘의 모든 것이 핵심 기억의 힘과 가용성에 의존하고 있음을 이해했다. 이스라엘은 이 기억을 가까이하면서, 해방과 언약, 땅의 하나님이신 야훼를 의지하고 그분에게 응답해야 한다. 그런데 그 동일한 목소리는 그 땅의 안녕이 그 핵심 기억의 적일 가능성이 있다고 이해했다. 풍요로운 번영의 상황에서, 이스라엘은 결국 그 기억을 망각하고, 그 기억의 하나님을 폐기하고, 그 하나님의 요구를 무시하고, 야훼와 맺은 언약의 기쁨을 상실할 것이다. 게다가 이러한 망각은 이스라엘의 존재 자체를 위태롭게 한다. 결국 언약의 내부인은 공허하고 무관심하게 되어, 공허한 형태의 신앙과 실천을 존중하지만, 이 관계에서 나오는 선물과 요구, 기쁨으로부터 완전히 단절된다.

우리가 상세히 살펴볼 본문인 느헤미야 8장은 이러한 망각과 몰수 과정 마지막에 등장하여 이 공허한 내부인을 믿음의 능력으로 다시 통합하려고 시도한다. 에스라가 시행한 원형적 재통합은 타협할 수 없는 세 가지 주장을 중심으로 펼쳐진다. 먼저, 비록 잊히긴 했지만, 이 공동체는 토라 두루마리에서 자신의 생명을 얻는다. 이스라엘의 삶에서 이 시기에 이스라엘은 '책의 백성'이다. 책을 가까이할 때에야 이스라엘의 상상력은 하나님의 선물과 요구를 계속 시야 안에 둘 수 있다. 둘째, 재통합은 의도적이고 계획적인 핵심 기억의 실질적인 재현을 내포한다. 이스라엘의 자기 정체성은 단순히 일반화된 성향이 아니라, 인지하고 있고 낭송할 수 있으며 현실을 재규정하는 특별한 기적을 중심으로 형성된 구체적인 정체성이다. 에스라는 이제 백성과 지도자들이 모두 잊어버린 그 기억을 회복하기 위해 본문을 다시 읽는 훈련을 요구한다. 셋째, 초막절 절기에 이스라엘이 '다시 본문을 읽는 것'은 두루마리와 기억으로 돌아가는 것이 교훈적인 방식으로 된 인지적인 과정이 아님을 의미한다. 오히려 이스라엘은 기억을 신체적으로 재경험하고 재연하여 신체적 노출을 통해 자신의 약함을 회복해야 한다.

에스라는 이 이례적인 행동을 통해 내부인들이 소식에서 시작된 믿음의 활력과 '울림'으로 재통합되기를 의도한다. 나는 에스라 시대의 위기와 현재 교회의 유사성이 아주 분명하다고 제안한다. 현대 교회에서 '내부인의 위기'는, 윤택함과 풍요로 인해 자족한 교회 구성원들이 이 기억의 힘과 중요성으로부터 멀어졌고, 그래서 교회는 열정적으로 활동하고 있는 사람들 가운데서조차 심각한 기억 상실증을 겪고 있다는 것이다. 이 비유가 통하는 한도 내에서, 이 재통합 드라마는 우리 시대와 장소에 시사하는 바가 있다.

- '두루마리로 돌아가는 회귀' 운동. 이 운동의 의도는 학문적인 것은 아니고, 삶을 규정하는 성경의 생생한 이미지와 경이로운 가능성을 받아들인다.
- 이 기억의 상세하고 구체적인 실체에 대한 엄격하고 의도적인 재학습, 더불어 이런 구체성이 우리 삶의 모든 측면에 영향을 미쳐 기쁨과 동시에 순종을 낳는다는 인식. 그리고,
- 신체적인 약함 행위. 이를 통해 이 기억의 주장은 분명히 우리의 '골수'에 영향을 미친다.

사실, 나는 내부인(즉, 전체 서구 교회의 대부분)의 복음화가 복음 전도에서 우리의 주요한 의제라고 생각한다. "에스라는 진지했다"는 점은 이 본문에서 분명하게 확인된다.

에스라와의 만남

느헤미야 8장에서 우리가 만나는 두 번째 모임은 여호수아 24장에 나오는 세겜 모임과 다르지 않다. 이 모임도 여호수아 24장의 모임과 비슷한 일을 하려고 하지만, 거기에는 중요한 차이점이 있다. 여호수아 24장이 구약 성경 전통의 시작점에 위치해 있는 것과 달리, 느헤미야 8장의 모임은 구약 성경 내러티브의 마지막에 위치해 있다. 여호수아 24장과 달리, 이 모임은 세겜에서처럼 새로 영토를 개척한 이스라엘을 위한 것이 아니다. 이 모임은 익숙하고 소중한 예루살렘의 현장인 수문에서 이루어진다. 여호수아 24장이 여호수아의 승리의 사역으로 인한 엄청난 중흥의 막바지에 열렸던 것과 달리, 느헤미야 8장의 모임은 유대인들이 유배지에서 파괴된 예루살렘의 초라하고 허름한 폐허로 돌아온 포로기의 끝자락에 열린다. 따라서 이 모임은 중흥의 분위기가 아니라 황폐함의 분위기 속에서 이루어진다. 여호수아 24장과 달리 이 모임의 핵심 인물은 모세와 아주 밀접하게 연결된 여호수아가 아니라, 이번에는 에스라다. 에스라는 이스라엘 기억의 뿌리 사건에서 아주 멀리 떨어져 있다. 그렇기는 하지만 완성된 전통에서 에스라는 (모세 이후) 유대교의 두 번째 창시자, 실은 유대교의 진정한 창시자로 인정된다. 여호수아와 아주 비슷하게, 에스라도 자신이 기억하는 경험보다 훨씬 뒤로 거슬러 올라가는 기억을 증언해야 한다.

내가 제시할 주장에서 가장 중요하고 결정적인 내용은, 여호수아 24장과 달리 이 모임은 이스라엘의 언약 신앙에 처음으로 초대된 사람들에게 관심을 두지 않고, 이미 그 전통에 깊이 뿌리내리고 있는 유대인들에게 관심을 둔다는 점이다. 이것은 (여호수아 24장처럼) 외부인이 이제 내부인이 되는 이야기가 아니다. 이것은 망각한 사람들이 기억하는 사람들이 되어가는 이야기다. 나는 이것이 복음 전도의 두 번째 긴급한 과제가 되어야 한다고 믿는다. 에스라는 이미 믿음에 대해 서약한 공동체가 다시 그 서약한 믿음을 진지하게 받아들이고 실천하도록 초대하는 일에 몰두해 있다.

에스라가 주도하는 모임의 활동은 간단하고 단순하다. (여호수아 24장과 달리) 여기서는 백성들이 주도권을 쥐고 스스로 함께 모인다. 그들은 에스라에게 두루마리를 읽으라고 당부한다. 이 모임의 두 가지 특징은 주목할 만하다. 먼저, 이 모임은 남자와 여자, 이해할 수 있을 만큼 나이가 든 모든 사람을 아우른다(2-3절). 이 회합은 여호수아 24장처럼 그렇게 형식적이거나 공식적이지 않다. 이 모임은 훨씬 평등주의적이고, 전체 공동체를 포함시키려고 의도한다. 둘째, 모임의 활동은 공동체가 듣는 가운데 토라를 낭독하는 것이다.

이런 토라 언급과 관련하여 두 가지 종류의 관심사가 있다. 첫 번째 관심사는 기술적인 것이다. 학자들은 이 두루마리 속에 무엇이 있었는지 논쟁을 벌인다. 어떤 학자들은 이 두루마리가 오경의 제사장 자료층, 즉 올바른 예배에 관한 후대의 제사장 교훈이라고 생각한다. 다른 학자들은 이 두루마리가 완성된 오경이거나 그것에 아주 가까운 것이라고 믿는다. 어느 쪽이든 지금 우리가 가지고 있는 성경의 실제 형성 과정은 순조롭게 진행되었다. 낭독되고 있던 것은 오늘날의 오경이 된 규범적인 핵심 문헌이다.

두 번째 관심사는 훨씬 더 중요하다. 토라를 '율법'으로 번역함으로써 많은 오해와 문제를 낳는다. '율법'이라는 단어는 낭독의 핵심을 거의 포착하지 못한다. '토라'란 공동체 안에 기록되고 간직된 규범적인 기억 전체, 즉 공동체의 상상력을 형성하고 빚고 승인한 모든 구전과 내러티브와 시와 노래와 오래된 예전을 의미한다. 더 나아가, 후대의 랍비 자료에서는 기록된 토라와 나란히 '구전' 토라도 존재한다고 주장한다. '율법'이라는 표현은 유대교를 심각하게 잘못 표현하는 기독교의 고정 관념을 드러낸다. 잘못된 고정 관념은 두 가지 심각한 대가를 동반한다. 한편으로, 이 고정 관념은 유대인과 유대인의 관행에 피해를 준다. 다른 한편으로, 이 고정 관념은 우리 그리스도인들에게 긍정적인 차이를 가져다 줄 수 있는 토라의 활력과 역동성

에서 그리스도인들을 차단시킨다.[1]

이렇게 토라를 낭독하고 듣는 것은 사실 몰수당하거나 무시당하거나 사소해지거나 폐기된 핵심 기억을 공동으로 재전유하는 것이다. 이 재청취 행위를 통해 유대인에 속한 남성과 여성 공동체는 기뻐하는 해방된 순종의 공동체로 다시 모이고 다시 소집되었다.

토라가 낭독되고 선포되었을 뿐 아니라 해석되었다는 점에 주목하는 것이 가장 중요하다(meporash, 8절). 이 말은 해설과 주석, 번역, 전유, 적용이 있었고, 그래서 옛 전통과 현재의 상황 사이에 설득력 있는 연결 고리가 만들어졌다는 의미다. 창의적인 해석이 없다면 이스라엘의 기억을 담은 이 오래된 본문은 공동체를 위한 권위로 결코 존재할 수 없다.[2] 느헤미야 8장의 이 장면은 전통에서 유대교가 창설된 순간으로, 유대인이 '책의 백성'이 된 순간으로 간주된다. 이 백성은 이 집회를 통해 해석된 책의 백성이 되고, 이로써 옛 본문은 활력과 권위, 동시대성을 갖고 상상력에 계속 영향을 준다는 점에 유의해야 한다.

이렇듯 본문과의 극적인 만남을 통해 일어나는 일은, 연이어 등장한 까다로운 제국의 권력과 이데올로기에 깊이 영향을 받은 유대교의 상상력이 종종 알려지지 않았고 가치 있게 여겨지지 않았고 이해되지 않았던 특별한 본문 전통을 중심으로 다시 구성되는 것이다. 공동체는 공동의 상상력의 대담한 재구성을 통해 탄생한다.

나는 이제 아마 기원전 458년으로 추정되는 이 모임의 배후로 가

보자고 제안한다(물론 이 연대는 세 가지 비판적 선택지 중 하나일 뿐이다). 이 순간을 필연적인 것으로 만드는 어떤 사건이 발생했는가? 또한 무엇이 이 순간을 가능하게 했는가? 나는 포로기 이후 유대교가 직면한 신학적, 예전적 위기를 이해하는 지침으로 세 본문을 고려할 것이다. 나는 역사적 질문을 던지지 않겠지만, 전반적인 역사적 정황은 분명하게 확인될 것이다. 나는 그보다 성경이 신학적 문제로 이해하는 본문의 위기의식에 대해 성찰할 것이다. 물론 나는 우리 자신의 시급한 복음 전도 상황을 구성하는 본문의 위기의식에 대해 지적하려고 한다.

선물과 경고 : 신명기 8:1-20

모세의 육성으로 나온 이 설교는 토라 신학의 정교한 결실이다. 이 설교는 토라의 전유와 행복하고 안전한 삶 사이의 연관성을 성찰한다. 이 설교는 토라에 대한 순종이 공적인 안녕의 필수 요건이라고 믿는다.

    모세는 토라를 진지하게 고수하라고 두 번 엄숙하게 호소한다(1, 5-6절). 이스라엘은 순종 공동체이고 이스라엘의 미래가 순종에 달려 있다. '순종'은 권위주의적 사회 관행, 특히 권위주의적 종교 전통에서 유래한 것으로 혹평을 받아왔다. 하지만 이것은 이 전통의 핵심이 아니고, 우리는 구약 성경에 대한 이런 손쉬운 고정 관념에 의도적으로 맞서야 한다.

여기서 이스라엘에게 촉구하는 순종은, 이스라엘의 특징이 그렇듯, 내러티브 기억 안에 자리 잡고 있으며 그 기억에 의해 뒷받침된다(3-4절). 이 짧은 재서술에서 모세는 이스라엘에게 기억하라고 요청한다(2절). 이스라엘은 광야를 시험의 때, 위험과 필요의 때, 하나님의 신실하고 관대한 보살핌의 때로 기억해야 한다. 그때에 이스라엘은 생명 보장 수단을 비축할 수도 없었고, 하나님이 매일 하늘의 떡으로 주신 생명에 가장 불안정하게 의존해야만 했다. 게다가 이스라엘은 끔찍하게 헐벗었던 40년 동안 음식물을 얻고 옷이 해지지 않고 발이 붓지 않는 등 이해할 수 없는 특이한 방법으로 생명을 유지했다는 사실을 기억해야 한다. 하나님의 자양분은 그들에게 더없이 충분했다. 음식과 옷, 발의 삼중주는 마태복음 6:25-32의 생명, 음식, 옷의 삼중주와 다르지 않다. "하늘 아버지께서 이 모든 것이 너희에게 있어야 할 줄을 아시느니라." 이스라엘의 기억은 하나님의 세심한 관대하심이 어떻게 이스라엘의 불안한 필요보다 크신지에 관심을 둔다.

하나님의 관대하심은 과분한 복에 대한 서정적인 진술로 표현된다.

네 하나님 여호와께서 너를 아름다운 땅에 이르게 하시나니 그곳은 골짜기든지 산지든지 시내와 분천과 샘이 흐르고 밀과 보리의 소산지요 포도와 무화과와 석류와 감람나무와 꿀의 소산지라 네가 먹을 것에 모자람이 없고 네게 아무 부족함이 없는 땅이며[3] 그 땅의 돌은 철이요 산에서는 동을 캘 것이라 네가 먹어서 배부르고 네 하나님 여호와께서 옥토를 네게 주셨음으로 말미암아 그를 찬송하리라. (7-10절)

이 모든 것이 순전히 선물이다! 하나님은 중요한 동사의 주어이시다. 하나님이 이르게 하시고, 하나님이 주셨다. 또한 이 두 동사 사이에 시내와 샘, 밀, 보리, 포도나무, 무화과나무, 석류, 감람나무, 꿀, 철, 동 등 비옥한 땅을 채우고 축복하는 모든 것이 나온다. 이것은 새로운 창조다! 하나님은 아낌없이 주시기 때문에, 이스라엘은 풍성한 생명의 땅에 다다른다. 따라서 이 설교의 약속은 2-4절의 오래된 기억 및 7-10절의 서정적 기대와 나란히 놓인다. 둘 다 토라 순종을 위한 배경으로 야훼의 충분하심과 안전, 관대하심을 증거한다.

11절에서 모세의 설교는 명령과 경고로 바뀐다(11-20절). 이 설교는 번영이 기억상실증을 야기한다는 것을 알고 있다. 선하고 관대한 땅의 축복은 대대적인 근원적 망각을 야기할 것이다.

망각에 대한 경고가 나온다(11, 14, 17절). 이 연설에서 두 가지 수사적 요소가 서로 반대로 작용한다. 한편으로, 12-13절은 좋은 집,

소 떼와 양 떼, 은과 금, 모든 것이 번성하는 7-10절의 복을 돌아본다. 다른 한편으로, 14-16절은 광야 시절에 반석에서 물을 내고 떡을 내려주신 출애굽의 하나님에 관한 2-4절의 기억을 돌아본다. 이러한 병치를 통해 현재의 풍요가 어떻게 감사의 감수성을 몰아내는지 수사적으로 보여 준다. 무한한 풍요 속에서 감사는 매우 빈약해진다.

그 이유는, 우리가 가진 것이 적고 더 불안정했던 시기를 더 이상 기억할 수 없을 때 현재의 모든 혜택은 절대적일 뿐만 아니라 자생적인 것처럼 보이고, 따라서 감사는 불필요하고 불가능하고 심지어 어리석은 것이 되기 때문이다. 모세는 망각한 백성이 자축하면서 "내 능력과 내 손의 힘으로 내가 이 재물을 얻었다"라고 말해서는 안 된다고 경고한다(17절). 그러면 감사할 사람은 아무도 없다. 감사할 사람이 아무도 없으면, 귀 기울일 사람도 아무도 없고 순종할 사람도 아무도 없다. 순식간에 우리는 자율적이고, 자족적이고, 스스로 칭찬하고, 자축하고, 누구도 책임지지 않는 사람이 된다. 모세의 이 설교에는 심리학적인 통찰이 있다. 모세의 설교는 부와 행복이 어떻게 감사하는 능력과 상반되는지 명확히 보여 준다.

이 설교는 강력한 호소와 엄중한 경고로 끝난다(18-20절). 이 호소와 경고는 기억하라는 절박한 요청이다. 7-10절과 12-13절에 언급된 선물의 힘을 기억하라. 너희는 스스로 만들어 낸 자가 아니라 받은 자라는 사실을 기억하라. 그 뒤에 긍정적인 호소는 불길한 경고로 바뀐다. "네가 만일… 잊어버리…면…너희가 반드시 멸망할 것이라."

이러한 경고는 우리 가운데서 인기가 없다. 손쉬운 초자연력 숭배를 없애기 위해 어쨌든 경고는 필요하다. 이것은 만약 하나님을 경배하지 않으면 하나님이 하늘에서 급습하여 끝장내실 것이라는 위협이 아니다. 오히려 모세는 정치적 과정의 도덕적 차원을 이해하고 있다. 만약 해방(출애굽)에서 탄생하여 언약(시내산)에 뿌리내린 이스라엘이 이 기억을 잊는다면, 곧이어 이집트의 오래된 권력 게임이 시작되고 제국의 기준에 따라 앞서 나가기 위해 벽돌 할당량을 다시 부과하기 시작할 것이다. 또한 이스라엘이 다시 그 게임으로 돌아가려는 유혹을 받는다면, 자유의 선택과 평등주의적 언약 공동체라는 대안은 버려질 것이다. '멸망하다'는 말은 하나님이 초자연적으로 행동하여 파괴하실 것이라는 의미가 아니라, 이스라엘이라는 세상의 대담한 사회적 실험이 신적인 공격이 아닌 사회적 유혹과 침식에 의해 사라질 것이라는 의미다. 이스라엘은 그런 일이 일어나고 있다는 사실조차 알아차리지 못한 채 세상에서 현실에 대한 독특한 비전과 또 다른 삶의 방식의 대담한 실천을 포기해버릴 것이다. 이스라엘은 무력이 아닌 부주의한 태만으로 인해 세계를 위한 선택지에서 사라질 것이다. '멸망하다'는 말은 공격을 당하는 것이 아니라, 임시변통의 안녕을 위해 자신의 신학적 정체성을 포기하는 것이다. 이는 언약적 사회 관계의 특권을 오두막 몇 채와 맞바꾸는 것이고, 이 급진적 믿음과 대담한 사회적 실천을 수행하는 공동체에게 일어나는 끊임없는 유혹이다.

모세는 번영의 땅으로 들어가는 이스라엘을 괴롭힐 선택지와 위험을 제시한다. 모든 것은 살아 있는 기억에 달려 있다. 모든 것은 부주의한 망각 때문에 위태롭게 된다. 모든 것은 기억과 망각에 달려 있다. 이스라엘을 향해 촉구하는 필수적인 기억은 매우 분명하고 구체적인 언어로 양식화되어 있다. 이스라엘의 미래는 이렇게 구석구석 스며든 끝없는 과거의 목소리가 현재에 계속 강력하게 들리느냐 여부에 달려 있다.

기억상실증의 대가: 예레미야 2:1-13

신명기 8장에서 이 본문으로 이동하면서, 우리는 설교에서 시로, 선포에서 창의적인 신탁으로 이동한다. 모세가 신명기 8장에서 예상했던 그것을 예레미야는 이제 2:1-13에서 구체적으로 묘사한다. 이 백성은 번영했고, 안전했고, 영속적이었고, 자족에 빠져 있었다. 예측 가능한 결과가 발생했다. 즉 이 공동체는 기억하는 일을 중단했다. 기억하는 일은 이제 어리석지는 않더라도 선택할 가능성이 가장 낮은 선택지로 여겨졌다. 어른들이 기억하는 일을 진지하게 받아들이기를 중단하면서, 자녀들은 어쨌든 기억이 중요하지 않다는 결론을 받아들였다. 결국 남녀노소를 막론하고 모두가 기억을 포기했다.

    시인은 하나님이 연민, 파토스가 가득한 마음으로 기억하는 시절로 약간 거슬러 올라간다(2-3절). 하나님은 이스라엘이 더 이상 신경 쓰지 않는 일을 기억하신다.

> 내가 너를 위하여 네 청년 때의 인애와
> > 네 신혼 때의 사랑을 기억하노니
> 곧 씨 뿌리지 못하는 땅,
> > 그 광야에서 나를 따랐음이니라. (2절)

이 능력 많고 거룩한 하나님, 기억하시는 하나님은 아름다운 옛 시절, 가부장 사회의 신혼 시절을 회상하신다. 야훼는 이스라엘이 무한한 인애와 열정적인 사랑으로 충만한 젊은 신부이던 때를 기억하신다. 여기서 기억하는 '인애'의 반응은 '헤세드', 온전한 상호성에 의존하는 완전한 헌신이다. 그 사랑은 아주 깊었고 의심을 품을 여지가 없었기 때문에 이스라엘은 야훼가 인도하는 곳이면 어디든 따라갔고, 야훼는 광야, 씨 뿌리지 못하는 땅, 경작되지 않은 땅으로 그들을 인도하셨다. 이 시는 신명기 8장에 나오는 모세의 설교와 직접 연결된다. 언약의 여정은 너희가 떡을 받고 너희 옷이 해지지 않고 너희 발이 붓지 않는 광야로 들어가는 것이었다. 우리는 둘 다 정말 행복했다. 가진 것이 그렇게 적었는데도 그렇게 행복한 적은 없었다. 야훼는 "나는 그때를 기억하고 있는데, 너도 그렇느냐? 나는 그때를 그리워하지 않는데, 너도 그렇느냐?"라고 말씀하신다.

5절에서 시의 분위기는 갑작스럽게 바뀐다. 무엇이 잘못되었는가? 무언가 크게 잘못되었다. 아름다운 옛 시절은 완전히 끝났다. 야훼는 이 끔찍한 결말이 거의 눈치채지 못한 채 일어난 것처럼 얘기하신다. 야훼는 이렇게 말씀하신다. "무슨 일이 일어났는지 모르지만, 모든 것이 엉망이 되었다. 너희는 기꺼이 나를 따라왔건만, 이제 너희는 나에게서 멀어지고 이제 너희는 쓸모없는 것을 뒤쫓고 있다. 너희는 나를 더 현대적이고, 더 값싸고, 더 빠르고, 더 사소한 것으로 교환했다." 관계에 엄청난 위기가 닥쳤다. 이스라엘은 엄숙한 서약을 저버렸고 본질적으로 변덕스럽고 이스라엘이 필요로 하고 원하는 것을 줄 수 없는 새로운 반려자에게 갔다. 야훼는 배신과 비극, 굴욕에 대해 진심으로 어리둥절하신다.

그런 다음 이스라엘을 향한 기소가 나온다(6-8절). 5절과 6-8절의 관계를 결정하기는 쉽지 않다. 아마 6-8절의 기소는 5절의 결과일 수 있고, 어쩌면 그 반대일 수도 있다. 어쨌든 핵심 문제는 이스라엘이 "말하지 않았다"(6절)는 것이다. 이스라엘은 말해야 할 것, 자신이 과거 시절에 항상 말했던 그것을 말하지 않았다. 이스라엘은 핵심 기억을 낭송하지 않았고, 자신을 구성하는 내러티브 정체성을 고백하거나 인정하거나 가르치거나 재연하지 않았다.

우리는 왜 낭송이 중단되었는지 알지 못하지만, 야훼는 이제 낭송이 사실상 중단되었다는 것을 아셨다. 낭송의 중단은 잘못된 모든 것, 서로 사랑하는 이 관계를 약화시킨 모든 것의 단서일 가능성이 높다.

이스라엘은 다음과 같이 말하도록 가르침받았다.

그들이 우리를 애굽 땅에서 인도하여 내시고
   광야 곧 사막과 구덩이 땅,
건조하고 사망의 그늘진 땅,
   사람이 그곳으로 다니지 아니하고
그곳에 사람이 거주하지 아니하는 땅을
   우리가 통과하게 하시던
   여호와께서 어디 계시냐 하고 말하지 아니하였도다
내가 너희를 기름진 땅에 인도하여
   그것의 열매와 그것의 아름다운 것을 먹게 하였거늘
너희가 이리로 들어와서는 내 땅을 더럽히고
   내 기업을 역겨운 것으로 만들었으며. (6-7절)

이 낭송의 주어는 야훼이시다. 야훼는 '당신,' 중요한 동사의 주어, 중요한 모든 것을 시작한 분이시다. 야훼는 땅—이집트 땅, 광야 땅, 사막과 구덩이 땅, 건조하고 사망의 그늘진 땅, 사람이 거주하지 아니하는 땅—이라는 용어가 지배하는 이 낭송의 주어이시다. 온 땅이 야훼의 것으로 언급된다.

이스라엘의 기억은 압제자의 땅에서 살고, 자원이 없는 땅에서 사는 것 등 전부 땅과 관련 있다. 이스라엘의 기억은 땅에 대한 야훼의 뜻과 관련 있고, 살기 위해서 우리에게 땅이 있어야 한다는 깨달음과 관련 있다. 그것은 선물로 받은 땅이다. 따라서 이 낭송은 모세의 설교와 병행한다.

네 하나님 여호와께서 너를 아름다운 땅에 이르게 하시나니 그곳은 골짜기든지 산지든지 시내와 분천과 샘이 흐르고 밀과 보리의 소산지요 포도와 무화과와 석류와 감람나무와 꿀의 소산지라 네가 먹을 것에 모자람이 없고 네게 아무 부족함이 없는 땅이며 그 땅의 돌은 철이요 산에서는 동을 캘 것이라. (신 8:7-9)

이것은 선물의 땅이다.

뒤이어 예레미야 2:7에서 이 시는 결정적인 전환점을 맞는다. 이제 야훼는 6절의 낭송과 인용 이후, 일인칭으로 말씀하신다. 야훼는 이스라엘을 위해 땅의 이야기를 시연한 분이 바로 야훼였다는 사실을 기억하신다.

내가 너희를 기름진 땅에 인도하여
    그것의 열매와 그것의 아름다운 것을 먹게 하였거늘

야훼는 땅에 대한 약속을 지키셨다. 야훼는 땅과 열매, 선, 복을 주셨다. 그런데 가혹한 역전이 뒤따른다.

> 너희가 이리로 들어와서는 내 땅을 더럽히고
> 　내 기업을 역겨운 것으로 만들었으며

이제 땅에 관한 이 논의에서 이스라엘은 처음으로 동사의 주어가 된다. 이스라엘에게 배정된 동사는 "더럽히다," "역겨운 것으로 만들다"밖에 없다. 너희는 기억하는 데 실패했을 뿐만 아니라, 기억상실증에 걸린 너희는 땅의 선물을 거부하고 망가뜨렸기 때문에 복된 땅은 더 이상 하나님이 의도하신 선물을 줄 수 없는 저주의 장소가 되었다. 이스라엘의 부주의한 행동으로 인해 이스라엘을 형성하는 기억은 사라져 침묵하게 되었고, 그래서 이스라엘에게는 인상적인 기억이 아무것도 남지 않았다. 이스라엘은 자신의 땅과 그 땅을 계속 정의하는 자신의 이야기를 파괴했다. 이스라엘에게는 황량한 땅, 불타버린 땅, 자원이 완전히 사라진 텅 빈 기억만 남게 되었다.

지도층은 백성들과 마찬가지로 나태한 망각으로 가득 차 있다(8절, 참조. 호 4:9). 8절에서 제사장, 율법을 다루는 자, 즉 법률가, 왕, 예언자 등 지도층이 거명된다. 이들 모두를 향해 제기된 비판은 "그들이⋯여호와께서 어디 계시냐 하고 말하지 아니하였다"는 것이다. 따라서 두 기소는 병행한다. 백성(6절)이나 지도자(8절) 모두 "여호와께서 어디 계시냐"고 말하지 않았다. 즉 그들은 이야기를 기억하고 다시 서술하지 않았다. 그들은 기억을 지워버렸다. 모세가 신명기 8장에서 예고했던 대로, 그들은 잊어버렸다.

그들이 잊었을 때, 즉 그들이 과거를 잊고, 야훼를 잊었을 때, 그들은 자기 자신, 즉 자신들의 역사와 정체성, 믿음과 소명, 존재 이유를 잊었다. 그들은 가짜 충성심, 거짓 신, 바알, 자기 안위를 추구하는 종교 기술을 추구했다. 그들은 거짓말과 부정직, 부정의 상황을 만들어 냈다. 그들은 평화가 전혀 없는데도 결국 서로 "평강하다, 평강하다"고 말했다(6:14, 8:11). 그들은 자신들의 삶의 현실에서 눈을 돌리기 위해 놀라울 만큼 뻔뻔한 반어법을 동원했다(사 5:20 참조). 그러한 기억상실증의 결과는 우물이 마르는 것이다.[4]

> 내 백성이 두 가지 악을 행하였나니
>   곧 그들이 생수의 근원되는
> 나를 버린 것과
>   스스로 웅덩이를 판 것인데
> 그것은 그 물을 가두지 못할 터진 웅덩이들이니라. (렘 2:13)

예루살렘은 터진 웅덩이에 의존할 수밖에 없고, 따라서 건조한 기후에서의 삶은 불가능하다. 다시 말해, 기억상실은 죽음으로 이어진다. 이 통렬한 시는 세 가지 강력한 주장을 제시한다.

- 실제로 진정한 포용과 충성의 소중한 시절이 있었다(2-3절).
- 백성이나 지도층 모두 기억할 것을 잊은 긴 망각의 시절이 있었다

(4-8절). 그리고

- 망각은 우물을 마르게 하고 삶을 위축시킨다(9-13절).

이 두 강력한 본문, 신명기 8장과 예레미야 2장은 함께 보아야 한다. 신명기 8장에서 모세는 풍요와 자족이 기억상실증으로 이어져 멸망으로 이어진다고 경고한다. 예레미야 2장은 신명기 8장의 위협을 실현한다. 망각이 있었고, 이제 죽음에 이르는 위축이 있을 것이다.

물론 이 모든 수사는 대담한 시이고 은유다. 단순한 역사적 묘사나 정치적 분석이 아니다. 그렇기는 하나, 이 두 시가 진술하는 변론 내용과 위기의식은 예루살렘 성의 역사적 결과와 일치한다. 시인들이 옳았다. 여러분도 알다시피, 모세가 예고하고 예레미야가 경고한 대로, 망각의 도성은 끔찍한 위기에 처했다. 침략과 파괴, 추방, 이주가 뒤따랐다. 유대인은 자신들의 고국을 떠나 유배의 고통과 실의에 빠지거나,[5] 완전히 파괴된 성의 인적 기반과 함께 고국에 남겨졌다. 어느 쪽이든 유대인은 죽음으로 끝났다. 놀랍게도, 성경은 이 끔찍한 결말이 바빌론의 팽창주의나 예루살렘의 형편없는 정치 지도력 때문이 아니라 토라의 정체성을 망각했기 때문에 발생했다고 일관되게 주장하고 있다. 예루살렘의 붕괴는 기억 상실에 뿌리를 두고 있는 신학적 붕괴다(호세아 2:13의 동일한 판단을 보라).

기억하기 위한 몸부림 : 이사야 51:1-3

예루살렘의 삶이 유배로 인해 황폐해진 주전 587년의 참담한 상황 이후, 유대교는 자신의 규범적 기억을 되찾기 위한 치열한 몸부림에 관여했다. 망각이 이주를 낳았듯이, 기억은 회복과 귀향을 위해 필요하다. 예레미야보다 몇십 년 후에 또한 에스라와 느헤미야보다 몇십 년 전에 나온 한 본문에서 이사야의 시는 이렇게 촉구한다.

> 너희를 떠낸 반석과
>   너희를 파낸 우묵한 구덩이를 생각하여 보라
> 너희의 조상 아브라함과 너희를 낳은 사라를 생각하여 보라
>   아브라함이 혼자 있을 때에 내가 그를 부르고
>   그에게 복을 주어 창성하게 하였느니라. (사 51:1b-2)

이 시는 유배지에서 하나님과 바른 관계를 맺으려고 하는 이들, 즉 의를 따르고 야훼를 구하는 이들에게 말한다(1절 참조). 그들이 해야 할 일은 창세기까지 전부 거슬러 올라가 기억을 회복하는 것이다. 특히 여기서 두드러진 기억은 아브라함과 사라에 대한 기억이다. 이 특별한 장소에서 이 시가 모세와 토라에게 돌아가라고 촉구하지 않고, 창세기와 약속의 회복을 촉구한다는 것은 참으로 의미심장하다. 정확히 실망과 절망의 시절에, 이 태곳적의 부모들이 언급된다. 감

히 하나님과 논쟁하고(창 18:22-32), 하나님의 약속을 비웃었지만(창 17:17), 또한 하나님을 신뢰했고(창 15:1-6), 소중한 아들을 위험에 빠뜨리면서까지 온전히 순종했던(창 22:1-14) 아브라함과 이 희망 없는 노인의 모든 옛이야기를 기억하라. 아이를 낳지 못하여 무력하고, 절망적이고, 비웃음의 대상이던 우리 가문의 어머니 사라를 기억하라(창 18:12-15). 결국 사라는 부활절의 순수하고 활기찬 웃음을 웃었다. 하나님이 일어날 것이라고 말씀하신 일이 사라에게 일어났기 때문이다(창 21:6-7). 기적을 기억하고, 불가능을 기억하고, 관습적 가능성을 거슬러 현실을 정의하는 이야기를 기억하라. 거룩함이 능동적인 힘이고, 약속이 구체적인 행동이고, 섭리가 지배적인 현실인 너희의 삶의 이야기를 기억하라.

　기억하라. 그런 다음 거짓된 현실의 파괴적인 정의를 떨쳐버리라. 이사야 51장의 시는 바빌론의 제국 이데올로기의 굴레에 갇힌 포로에게 선포된다. 제국 이데올로기는 선동으로 약속을 취소했고, 현재의 만족으로 약속을 무시했고, 제국 권력의 무자비한 주장으로 섭리를 부정했다. 기억이란 전복적인 과거가 승인하는 대안적 현재를 받아들이는 힘든 선택이다. 그 전복적 과거를 포기할 때, 대안적 현재는 전혀 이용할 수 없는 것이 된다. 그래서 유배 중에 있는 이 시인에게, 선택에 대해 계속 말하고 들려준다. 기억을 선택하라. 그러면 너희는 그 기억과 함께 해방된 대안을 얻을 것이다. 기억상실을 선택하라. 그러면 너희는 필연적으로 제국의 환원주의적 절망을 얻을 것이다. 제국의 절망은 현상 유지를 절대화하고 무엇이든 대안에 대한 상상을 배제한다.

에스라의 재통합

이 경고와 기소, 호소를 배경에 두고, 우리는 느헤미야 8장으로 돌아간다.

- 번영은 기억상실증을 일으킨다는 신명기 8장의 경고가 나온다.
- 기억이 버려졌다는 데 주목하는 예레미야 2장의 정죄가 언급된다.
- 기억의 회복을 위한 이사야 51장의 초대가 선포된다.

이제 우리는 자신의 원초적 기억을 되찾기 위한 예루살렘의 몸부림의 초점인 느헤미야 8장을 숙고한다. 남성이든 여성이든 모두 모임에 참석했다. 토라 전체가 낭독되고, 유대교의 가장 권위 있는 지도자를 통해 기억 전체가 새로워진다. 토라가 현재 상황에서 지적으로 진지한 것으로 전유될 수 있도록 해석이 주어졌다. 이것은 사실 길고 끔찍하고 파괴적인 기억상실의 시절을 보낸 뒤 일어난 유대교의 재건이다. 마치 유대인들은 혼수상태에서 벗어나 토라를 일깨우는 것과 같다. 우리는 회복될 때 "나는 어디에 있고, 나는 누구이고,

이 일은 어떻게 일어났는가?"라고 묻는다. 유대인에게 있어서 그 대답은 전부 토라, 즉 유대인의 원형적 특이성을 형성한 순간으로 그들을 데려가는 이야기 안에 있다. 나는 이제 이렇게 에스라가 시도한 토라 낭독과 해석에 백성들이 보인 통렬한 반응을 검토하려고 한다.

"백성이…다 우는지라"(8:9). 그들이 왜 울었는지 그 이유는 나오지 않는다. 아마 이 울음은 자신들의 죄에 대해 깊은 죄책감을 느낀 회개의 슬픔이었을 것이다. 아니면 내가 보기에 더 가능성이 높은 것은, 이 울음은 마침내 오랜 부정의 시절이 지났을 때 깊은 곳에서 터져 나온 본능적인 약함과 안도감이었고, 세상에 대한 전통적 합의가 더 이상 우리의 참된 핵심 정체성과 모순되지 않는다는 인정이었을 것이다. 실제 자신이 아닌 다른 무엇인 듯 행세하는 가식이 지나칠 때, 우리는 위장 행위에 지치고 만다. 우리가 자신의 진정한 자아로 돌아올 때 상처와 감정이 봇물처럼 터지면서 눈물이 쏟아져 내리고, 상처와 슬픔과 안도감과 감사가 뒤섞이고, 갈망은 충족되고, 불가능해 보였던 자아의 솔직한 노출로 이어진다. 이것은 그런 근원적인 자아 인정으로 인해 더 이상 부끄러워하거나 당황하지 않는 유대인의 정체성을 갖고 솔직하게 벽장 밖으로 나오는 순간이다.

제국이 오랫동안 이러한 부정을 요구했듯이, 나는 우리 기술 사회 안에도 귀향을 원하는 우리 자신의 갈망의 힘과 깊이를 인식하지 못할 만큼 가식에 너무 깊이 갇혀버린 억눌린 감각이 있다고 믿는다. 토라는 사실 그들의 모국이기 때문에, 당연히 유대인은 토라의 억양에 맞춰 눈물을 흘렸었다. 지도자들은 이 복받치는 울음에 기쁨으로 대응한다. 그들은 이 토라 위기의 순간에 한 번 더 낭독하라고 촉구한다.

백성이 율법의 말씀을 듣고 다 우는지라 총독 느헤미야와 제사장 겸 학사 에스라와 백성을 가르치는 레위 사람들이 모든 백성에게 이르기를 오늘은 너희 하나님 여호와의 성일이니 슬퍼하지 말며 울지 말라 하고 느헤미야가 또 그들에게 이르기를 너희는 가서 살진 것을 먹고 단것을 마시되 준비하지 못한 자에게는 나누어 주라 이날은 우리 주의 성일이니 근심하지 말라 여호와로 인하여 기뻐하는 것이 너희의 힘이니라 하고 레위 사람들도 모든 백성을 정숙하게 하여 이르기를 오늘은 성일이니 마땅히 조용하고 근심하지 말라 하니 모든 백성이 곧 가서 먹고 마시며 나누어 주고 크게 즐거워하니 이는 그들이 그 읽어 들려 준 말을 밝히 앎이라. (9-12절)

완벽한 기쁨의 날이다. 기쁨의 근거와 힘은 울음의 근거나 힘과 동일하다. 기쁨과 울음은 동일한 위기에 대한 두 가지 원초적 반응이다. 이 기쁨은 야훼의 신뢰할 만한 통치와 실재에 근거해 있다. 12절은 의미심장한 판단으로 마무리된다. 지극히 기뻐하는 이유는 "그들이 그 읽어 들려 준 말을 밝히 알았기" 때문이다. 그들은 긴 기억상실 시절에 이해하지 못했던 야훼, 기적을 일으키는 분, 자유의 행위자, 계명을 주시는 분에게 속한다는 것이 무엇을 의미하는지 이해했다. 그들의 기쁨은 진정한 신학적 귀향이었다. 유대인들은 이제야 마침내 진정한 고향으로 돌아왔고, 그들이 있어야 할 곳으로 내려왔다. 슬픔과 기쁨의 원초적인 반응은 서로 밀접하게 연결되어 있다. 둘 다 부정의 댐을 무너뜨리고, 둘 다 가장 원초적인 귀향의 수문을 열어 준다.

그들은 토라를 연구하면서 초막절 축제가 가르침의 핵심임을 깨달았다(13-18절). 이 위대한 성례전 행동은 특별한 과거에 물리적, 신체적, 가시적으로 다시 참여하는 것이다. 이 축제는 아주 오래된 결정적인 기억을 다시 전유하는 것이다. 모세의 권유에 순종하여 그들은 이렇게 행하라는 명령을 받았다.

> 모든 성읍과 예루살렘에 공포하여 이르기를 너희는 산에 가서 감람나무 가지와 들감람나무 가지와 화석류나무 가지와 종려나무 가지와 기타 무성한 나무 가지를 가져다가 기록한 바를 따라 초막을 지으라.(15절)

유대인들은 이렇게 했다. 그들은 7일 동안 초막을 만들어 그 안에서 살았다. 그들은 참된 유대인 정체성의 연약함과 불안정성, 취약성을 경험했다. 그들은 오래전에 제국을 떠나온 나이 든 부모들 가운데서 살았다. 그들은 광야로 들어가 노출된 채 생활했던 부모들과 교감하면서 야훼의 신실하심으로 충분하다는 것을 깨달았다. 그들은 이집트 제국의 낡은 부담스러운 지원에서 벗어났고(출애굽), 동시에 당대의 바빌로니아 제국과 그 뒤에 페르시아 제국의 부담스러운 지원으로부터도 벗어났다(유배). 그들은 이 기억에 뒤따르는 대가와 위험과 기쁨을 스스로 감수했다. 그들은 애초에 자기들을 위기에 빠뜨린 바로 그 풍요로움으로부터 멀리 떨어진 곳에서 자기들의 몸으로 느낄 수 있었다. 다시 말해, 약함의 상황으로 돌아가는 것은 자기 충족에서 스스로 빠져나온다는 것을 의미했다.

초막절 축제와 관련하여 무언가 매우 특이한 점이 있다. 한편으로, 초막절 축제는 노출된 노숙의 경험이다. 실제로 애틀랜타에서 노숙자를 대변하는 단체인 오픈도어는 초막절을 '노숙의 축제'라고 부르면서, 온전한 주택을 소유한 사람들에게 일정 기간 동안 노출된 초막에서 생활하는 위험을 받아들이라고 초청한다. 이것은 실제로 우리의 관습적인 안전을 떠나는 행위다. 다른 한편으로, 초막절 축제는 동시에 진정한 거주의 증거다. 이때에 이스라엘은 체류하는 하나님, 위험한 노출 속에서도 자기 백성을 안전하게 지켜주시는 하나님과 함께 사는 이곳이 합당하고 안전한 곳이라고 느낀다. 따라서 노숙의 축제는 진정한 거주인 것으로 확인된다.

흥겨운 동시에 서글픈 이 순간은 노숙인 동시에 거주이고, 노출인 동시에 보장이며, 이 축제를 실행하면서 에스라 주변에 있던 백성들은 오랫동안 잊고 지냈던 자신의 진정한 정체성에 연결되었다. 본문은 '엄숙한 집회'가 열렸고 또한 '큰 기쁨'이 있었다고 말한다. 더 나아가, 에스라는 날마다 토라를 읽으면서, 기억을 수용하고 과거를 받아들이고 이스라엘을 자신의 진정한 장소에 있게 했다.

금식과 굵은 베옷의 훈련을 하는 가운데, 이스라엘 백성은 "모든 이방 사람들과 절교"하고 자신들의 죄를 고백했다(9:1-2). 이 극적인 행위는 신중하게 이해되어야 한다. 유대인에 대한 그리스도인의 고정 관념에 따라 엉뚱하게 이해될 경우, 이 분리는 오만한 율법주의처럼 들린다. 이러한 견해는 핵심을 완전히 놓치고 만다. 오히려 기억 상실증에 걸린 이 공동체는 스스로 동화되었고, 자신의 기억을 길들였고, 자신의 정체성을 타협했기 때문에, 자신에게 아무것도 남지 않게 되었다. 유대교는 그처럼 유해하고 당혹스러운 존재가 되었고, 그래서 유대인은 자신의 유대인다움을 극복하기 위해 노력해 왔다. 그런데 이제 이 위험한 예전 행동을 통해 유대인은 자신들의 특이함, 강한 헌신, 특징적인 순종을 받아들이고 있다. 독특성의 회복은 특이한 정체성의 수용을 동반한다. 내가 이 내용을 여러분에게 언급하는 이유는, 미국 교회가 결정적 소멸에 가까운 수용과 타협의 위기에 직면해 있다고 믿기 때문이다.[6] 독특성은 교리나 도덕에 있는 것이 아니라 기억에 있다는 점에 주목하자. 본문은 이 분리의 때로부터 줄곧 "그 제자리에 서서…여호와의 율법책을 낭독"했다고 덧붙인다(9:3).

뒤이어 에스라의 긴 기도가 이어진다(9:6-38). 이 경이로운 기도는 에스라 9장과 다니엘 9장의 기도와 어느 정도 유사하다. 토라를 읽고, 초막에 들어가고, 분리를 통해 특이성을 주장하는 가운데 예루살렘은 기도에 몰두한다. 나는 이 길고 풍부한 기도에 대해 세 가지만 논평하겠다.

먼저, 이 기도는 유대 역사에 대한 길고 주도면밀한 회고다. 즉 기도 자체가 기억하는 훈련이다. 기도가 항상 직접적인 현재 시제는 아니다. 우리가 예전을 실천할 때 사용하는 그와 비슷한 주요 기도는 광범위한 성만찬 기도인데, 이 기도는 "예언자들과 사도들, 순교자들과 성인들" 가운데 성례를 둔다. 기도할 때 사랑받는 공동체는 우리의 모든 믿음의 조상들에게 둘러싸여 있다.

둘째, 이 기도는 이 오랜 역사가 고집과 불순종, 죄의 이야기라고 정직하게 인정한다. 이스라엘에게는 처음부터 그와 같이 힘들게 신뢰하고 순종하던 때가 있었고, 현재 세대도 자신이 야훼의 목적에 맞서는 유감스러운 저항의 일부라고 이해한다.

셋째, 하지만 이 기도는 굽실거리면서 위협하는 행동이 아니다. 이 기도의 주된 어조는 영광송의 어조이고, 이 영광송에서 하나님의 놀라운 관대하심은 이스라엘의 오랜 실패보다 훨씬 중요하게 부각된다. 따라서 이것은 하나님의 자비를 구하는 청원일 뿐만 아니라 미래를 위한 궁극적 실재인 하나님의 자비에 대한 담대하고 확신에 찬 신뢰다. 이스라엘이 마침내 에스라의 가르침을 통해 토라에서 들은 것은 이스라엘이 하나님의 자비 안에 굳건히 붙들려 있다는 것이다. 따라서 토라를 읽는 것은 이 신뢰의 기도를 불러일으킨다. 토라는 기도에 힘을 불어넣는다.

이런 하나님의 선하심에 대한 신뢰는 유대인다움의 결정적인 특이성이다. 토라를 통해 듣고 초막에서 깨달은 이 자비의 특이성으로 인해 유대인은 제국의 필연성과 순응, 굴종에서 벗어나 세상 속에서 야훼께 기쁘게 순종할 수 있는 자유를 얻는다.

이 위대한 예전은 엄숙한 언약에서 절정을 이루는데(9:38), NRSV는 이것을 '확고한 계약'이라고 칭한다. 예전은 자비에 근거해 있고 순종으로 재현된 유대인의 고유한 정체성에 기꺼이 동의하는 언약 갱신 과정이다. 예전은 유대인에게 특이한 정체성을 교육한다. 유대인이 이 특이한 정체성을 다시 받아들일 때, 그들은 페르시아 제국의 시민이라는 일반적 정체성에서 자유롭게 된다. 따라서 망각과 지배적인 문화적 가치의 수용 및 타협 사이에 강한 상관관계가 있고, 기억이란 하나님의 뜻을 거부하도록 구조화된 세상에서 하나님의 뜻을 실천하는 용기와 에너지, 자유의 원천이라고 나는 주장한다.

언약에 참여하겠다는 이 새로운 서약은 10장에서 공동체를 강화하기 위해 계획된 일련의 결정으로 이어진다. 여기에는 토라를 따르겠다는 서약(10:29)과 안식일 준수(10:31), 엄숙한 헌금 서약(10:32-39)이 포함된다. 정체성의 회복은 규율과 관대함으로 이어진다. 8:10에 언급되었듯이, 이 관대함은 "(아무것도) 준비하지 못한" 이들과 나누는 데까지 확장된다. 이 정체성은 유대인에게 자신들을 넘어 자신들보다 적게 가진 사람들에게 손을 내밀 힘을 준다. 정체성은 안전한 정체성을 갖지 못한 사람들이 취할 수 없는 관대한 행동에서 절정에 이른다.

우리의 망각과 기억

나의 주제는 잊어버린 사람이 기억하는 사람이 될 수 있다는 것이다. 나의 논지는, 복음 전도란 단순히 외부인을 내부인으로 만드는 것이 아니라 내부인을 기억상실증에서 벗어나 기억으로 소환하는 임무라는 것이다. 나는 소위 아주 많은 내부인이 실은 기능적 외부인이 되어 '이스라엘 공동체로부터 소외되지 않았는지,' 즉 언약의 특이한 정체성으로부터 완전히 단절되지 않았는지 의구심을 갖는다. 또한 외부인이 여호수아의 초청을 따라 실재에 대한 본문의 해석을 수용하듯이, 에스라는 재본문화의 위기를 통해 역기능적인 내부인이 기능적이고 의도적이고 참여하는 내부인이 되도록 초청한다.

  나는 기억상실증이 우리 가운데 존재하는 막강한 실재라고 믿는다. (표면적으로 '문맹'으로 나타나는) 이런 기억상실증에 걸린 교회는 모든 선교 동력이 심각하게 부족 상태에 빠진다. 우리네 삶의 전 이성적 장소에서 작동하는 이 특이한 기억만이 사회적 행동을 위한 동력과 청지기직의 관대함, 예배를 위한 자유, 외부인을 돌보는 용기, 하나님의 약속에 대한 열정을 불어넣는다. 기억이 없다면 용기나 관대함, 자유, 열정은 거의 존재하지 않을 것이다.

그래서 나는 교회 안에 있는 이 깊은 기억상실증에 대해 성찰해 보고 싶다. 가장 형식적인 차원에서 볼 때, 근대성, 즉 우리 모두를 성장시킨 계몽주의의 거대한 지적 환경은 원천적으로 전통에 반대한다. 다시 말해, 과학적 사고와 인간 정신의 해방, 사회 과학의 출현을 함께 가져온 근대 의식의 부상은 전통을 본질적으로 권위주의적이고 해로운 제약이라고 여겼다. 자유가 근대성의 표어가 되면서 전통과 뿌리, 기억은 성숙과 해방의 적이 되었다.

우리는 대부분 계몽주의에 대해 체계적으로 생각해 본 적이 없다. 우리는 대부분 그냥 대학에 진학하여 새로운 해방을 발견했고, 우리의 종교 교육이 거북한 골칫거리라는 것을 깨달았다. 또한 그런 당혹감 한가운데서 기억을 되살리려고 했을 때, 그 기억은 폐쇄적인 도덕주의나 반계몽주의라는 용어로 왜곡되고, 약화되고, 하찮게 취급되었다. 우리는 옛 기억에 대한 '흥미를 잃고' 현재의 경험에 근거한 일종의 세련된 자유주의를 지향하는 사람들, 혹은 모든 것을 현재 시제로 이해하는 호방한 경건을 지향하는 사람들, 혹은 비판적이고 편협하기만 할 뿐 유대적 기억의 특징인 광범위한 포용은 부족한 조야한 전통주의를 지향하는 사람들 사이에 엄청난 단절을 겪기에 이르렀다.

기억상실증의 산물인 우리 시대의 대다수 사람들은 이 기억이 강력하게 각인된 전환점이 언제인지 떠올릴 수 있다. 좀 더 보수적인 사람들은 전유의 시간과 장소, 즉 '구원받은' 시간과 장소를 언급할 수 있지만, 구원 사건은 너무 즉각적이고 사적이어서 전유의 본래 취지에 미치지 못하는 경우가 많다. 나의 복음 전도 전통에서 나 자신의 전환점은 지나치게 강렬하거나 경건하지 않았다. 그럼에도 나는 그날을 기억한다. 그 서약은 『복음적 교리문답』에 나오는 서정적인 영광송의 경이로운 마지막 대답이었다. 그것은 다음과 같은 충격적이고 포괄적인 서약으로 끝마친다.

주 예수님, 주님을 위해 살고, 주님을 위해 고난을 받고, 주님을 위해 죽겠습니다! 주 예수님, 살 때든 죽을 때든 나는 주님의 것입니다! 오 주님, 나에게 영원한 구원을 허락하소서! 아멘.

나와 내 친구는 열세 살 때 이렇게 서약했다. 그런 다음 우리는 체스터 그루브의 안내로 성 바울 교회로 가서 서약서에 서명했다. 우리 이름이 생명책에 기록되고 있다고 느낀 순간이었다!

그 결정적인 순간 이후 많은 이들은 서약을 했는데도 불구하고 대체로 점진적인 기억상실증에 걸렸다. 기억상실증은 성장의 중단이고, 따라서 기억은 다른 많은 삶의 영역에서 일어나는 성인의 성장 속도를 따라가지 못한다. 많은 이들에게 아무런 기억이 남지 않거나 혹은 위험한 성인의 세계에서 거의 신뢰할 수 없는 단편적인 유치한 기억만이 남는다.

나는 이런 상황에서 느헤미야 8장이 복음 전도 사역의 모델이라고 제안한다. 우리는 실제로 풍요 속에서 망각한다. 우리는 우리의 기억에서 단절되고 만다. 우리는 실제로 낭송하기를 잊는다. 우리는 또한 믿음의 뼈대가 얇고 약한 적대적인 문화적 환경 속에서 살고 있다. 우리는 잃어버린 유산을 회복하는 순간에 있다. 그 회복을 위해 이제 낭독과 해석, 초막 생활, 전체 기억의 전유가 필요하다.

느헤미야 8장은 이 공동체에게 믿을 수 없을 만큼 강력한 임계점의 순간이다. 과거의 양식이 실패했던 그때, 백성들은 슬픔과 기쁨의 약함 속에서 잠시 동안 관습적인 집을 떠나, 많은 조상들 앞에서 연약함의 초막에 살면서, 정체성을 재구성하고 재확인할 준비를 갖추었다. 이러한 상상력의 '리부팅' 즉 재건은 부주의하거나 무관심하거나 적대적인 외부인과 함께하는 가운데 이루어질 수 없다. '초막 리부팅'을 위해 우리는 기도와 안식일, 서원, 십일조, 맹세로 표현되는 우리의 독특성을 받아들여야 한다.

에스라는 페르시아에 대해 걱정하지 않았다. 그의 가장 중요한 관심사는 특이한 공동체의 회복이었다. 이 정체성은 "하늘과 땅을 지으신 분"의 뜻임을 알았기 때문에, 에스라는 하늘의 찬양과 땅의 순종을 통해 자기가 할 수 있는 가장 중요한 일이 이 특이한 공동체를 회복하고 제국의 포괄적인 정체성을 거부하는 것이라고 믿었다. 그와 같은 특이한 정체성을 고려할 때, 이제 버려졌던 것을 되찾고 다시 탈환했기 때문에, 당연히 백성들이 슬픔과 기쁨에 잠겼다. 이렇듯 때늦은 토라의 자녀들은 여전히 하나님이 떡을 주셨고, 우리의 옷이 해어지지 않았고, 우리의 발이 붓지 않았다고 기억할 수 있었다. 그들은 이 은혜로운 자비의 긴 이야기가 제국 안에서, 제국을 거슬러, 또한 제국을 넘어 여전히 지금, 현재에도 결정적 요소임을 기억할 수 있었다.

기도를 마무리하는 에스라의 탄원은 진술하다.

우리가 오늘날 종이 되었는데 곧 주께서 우리 조상들에게 주사 그것의 열매를 먹고 그것의 아름다운 소산을 누리게 하신 땅에서 우리가 종이 되었나이다 우리의 죄로 말미암아 주께서 우리 위에 세우신 이방 왕들이 이 땅의 많은 소산을 얻고 그들이 우리의 몸과 가축을 임의로 관할하오니 우리의 곤란이 심하오며. (9:36-37)

이 진솔한 기도는 대담한 영광송을 부르자는 에스라의 초대와 짝을 이룬다.

너희 무리는 마땅히 일어나 영원부터 영원까지 계신 너희 하나님 여호와를 송축할지어다 주여 주의 영화로운 이름을 송축하올 것은 주의 이름이 존귀하여 모든 송축이나 찬양에서 뛰어남이니이다. (9:5)

간구와 찬양은 모두 언약을 지키겠다는 결단에서 우러나오는 해방된 특이성의 행동이다.

우리가 이 모든 일로 말미암아 이제 견고한 언약을 세워 기록하고 우리의 방백들과 레위 사람들과 제사장들이 다 인봉하나이다. (9:38)

우리는 이와 같은 본문과 이와 같은 자세를 통해, 이와 같은 '확고한 계약'에 우리 이름을 새긴다는 것이 무엇을 의미하는지 다시 배우고 있다.

4장
사랑받는 자녀가 신실한 어른이 되다[1]

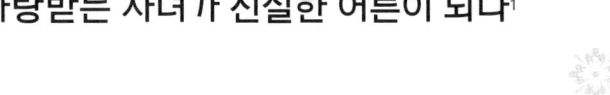

지금까지 우리는 복음 전도의 두 대상을 검토했고, 각각에 대해 복음 전도 과정에서 필요한 결정적인 모임이 무엇인지 검토했다. 외부인을 위해, 우리는 여호수아 24장에서 외부인이 내부인이 되는 모임을 발견했다. 신앙 공동체의 성인과 관련하여 우리가 느헤미야 8장에서 살펴본 모임의 구성원들은 공동체의 결정적 요소인 위험과 약함의 열정적인 비전 안에 '다시 장막을 쳤다.'

   이제 우리는 복음 전도의 세 번째 대상, 즉 '동의하는 성인'으로 성장했거나 그렇지 않았을 수도 있는 신자의 자녀들에 이른다.[2] 여기서 복음 전도 문제는 다른 경우보다 훨씬 복잡하고 훨씬 까다롭다. 본문 자체를 볼 때, 또한 신자인 우리 자녀들과 우리 자신의 경험을 볼 때, 그런 자녀들에게 적합한 단 하나의 결정적인 모임은 존재하지 않는다는 점은 분명하다. 우리 자녀들의 양육과 편입은 그렇게 쉬운 일이 아니기 때문이다.[3] 양육과 편입에는 일회적인 모임이 아니라 지속적인 대화가 필요하고, 이를 통해 자녀들은 자신만의 속도에 맞춰 한 번에 조금씩 성인이 되는 여정을 시작하여, 공동체를 정의하는 '소식'을 인정하고 자기 것으로 삼는다.

자유와 독립의 변증법, 개인화의 요구, 공동체 소속의 불가피성을 고려할 때, 성인으로 성장하는 과정은 불가사의하다. 이 대화는 앞서 인용한 모임과 달리 결코 완결되지 않는다. 이 대화는 계속해서 이어진다. 사실 나는 이 대화가 고정되고 완성된 결론에 결코 이르지 못한다는 견해에 동의한다. 대화 자체가 복음 전도의 실재이기 때문이다.

이렇듯 힘든 대화 작업은 공동체의 주요 사업이다. 믿음 안에서 성장하는 험난한 길은 서두르거나 선점될 수 없다는 결론으로 이어진다. 그런 이유로, 어떤 경우 대화는 성인의 간증과 지지, 즉 우리 자신의 믿는 마음과 생각을 단순하고 열정적으로 말할 준비를 갖추는 것이다. 다른 경우, 대화에는 어떤 것이 헌신과 신자 자격으로 이어지는지 (혹은 이어지지 않는지) 조사하는 상황과 용기, 에너지를 제공하는 방법을 받아들이고 수용하는 과정에 함께하는 성인 공동체가 필요하다. 모든 부모가 증언하듯이, 지지와 수용의 효과적인 양식을 유지하기는 대단히 힘들다. 우리 중 어떤 이들에게는 지지가 전부가 되고, 젊은이들은 지지를 지나치게 권위주의적인 것으로 경험한다(이것은 소위 전투적인 복음주의자의 특징적인 유혹이다). 우리 중 어떤 이들에게는 수용이 전부가 되고, 젊은이들은 수용을 지나치게 수동적이고 소심하고 어정쩡한 유보로 경험한다(이것은 '치유'와 '적극적 경청'에 과도하게 몰두한 공동체의 특징적인 유혹이다). 물론 정확한 방법은 존재하지 않는다. 어느 쪽이든, 권위주의적 방식이든 유보하는 방식이든, 우리는 약간 아쉬워하며 대화를 끝마친다. 물론 놀랍게도 가끔 우리의 지지는 자녀들에 의해 감사로 회상되고, 가끔 우리의 수용은 치유로 인정된다. 부분적으로 우리들 때문에, 부분적으로 우리들에도 불구하고, 간혹 믿음이 생겨난다.

자녀를 위해, 자녀와 함께

우리는 지금의 어린이와 젊은이가 직면한 상황은 특히 많은 문제를 야기한다고 단언할 수 있다. 근자에 이르러 과거 어느 때보다 지금은 성장하기가 훨씬 어렵고, 훨씬 힘들고, 훨씬 위험하다. 다음과 같은 이유로 젊은이들의 상황은 독특하고 복잡하다. (a) 기술 발전과 통신 혁명으로 인해 대단히 큰 자유와 대단히 많은 선택지가 존재한다. (b) 서구 패권이 종식되면서 신뢰할 만한 가치관과 사회 구조는 크게 쇠락했다. 그리고 (c) 포스트모던적 삶의 요구와 선택지를 불가피하게 직접 활용하게 되면서, 젊은이들의 자의식과 자각은 고양되었다.

이러한 다면적인 문화 혁명의 결과 중 하나는 아주 오랫동안 우리 가운데서 당연하게 여겨져 왔던 신앙과 문화 사이의 선의의 동맹이 사라진 것이다. 다시 말해, 확고한 개신교(주로 칼뱅주의) 가치가 지배하던 미국 문화에서 신앙과 더불어—독자적인 공동체와 기능적인 가족, 그리고 세계에서 '미국의' 우월성과 우선주의라는 타당한 인식으로 구성된—나머지 꾸러미를 받아들이는 것은 상대적으로 쉽고 분명했다. 과도한 의심 없이, 가까운 미래에도 신앙과 문화가 이어질 것이라는 합리적인 확신을 갖고, 세상의 '유리한 위치'에서 성장하는 것은 의심할 나위 없이 쉽고 자연스러운 일이었다. 일부 신앙의 외형을 물려받고 전유하는 것은 문제가 되지 않는 '자연스러운' 일이었다.

이러한 선의의 동맹이 더 이상 가능하지 않다는 말은 혼란을 야기하는 진부한 표현이다. 우리의 문화적 경험에 이런 균열이 생긴 이유는 복잡하고, 아마 우리는 완전히 이해하지 못할 수도 있다. 이런 균열이 발생한 요인에는 분명 미국의 공적인 담론을 돌이킬 수 없을 만큼 바꾸어 놓은 베트남 전쟁과 인권 운동이 포함된다. 다수 세계 권력과 문화(또한 이슬람)의 부상은 당연히 세계에서 우리가 가정했던 우월성에 대한 자신감의 쇠퇴로 이어졌다. '중심'이 공격을 받으면서, 신앙과 문화에 대한 우리의 전통적 지지는 세계에서 우리가 차지하는 위치에 대한 깊은 불안에 굴복하고 말았다. 이런 현실은 다시 우리의 자리를 지키려는 잔혹함과 최소한 우리의 몫을 추구하는 탐욕을 낳았다. 우리는 선의의 동맹 대신 공격과 방어의 갈등 상황에 우리 자신이 처해 있음을 깨닫는다. 우리는 주목하기를 거부하는 개인주의로 무감각하게 물러남으로써 대처하는 경향이 있다.[4] 무감각한 거부에는 당연히 종교적 측면도 있다. 하지만 그것은 엄청난 왜곡을 통해서만 기독교적인 것으로 받아들여질 수 있는 종교적 측면이다.

그래서 나는 우리 어른들이 알았던 신앙이 우리 젊은이들에게도 더 이상 가능할지, 또 가능하다면 어떤 조건에서 가능할지 궁금하게 여기게 되었다. 나는 우리 젊은이들이 대부분 두 가지 선택에 직면해 있다는 인상을 받는다. 한편으로, 젊은이들은 우리와 마찬가지로 온갖 인간다움의 소리를 내지만 실은 약속을 결코 지키지 않는 편안하고 매혹적인 모더니즘에 매료되어 있다. 다시 말해, 적절한 립 서비스를 제공하는 법을 배웠지만, 립 서비스와 함께 다소 편안하고 방종적인 개인주의를 수용한 청소년 문화가 존재한다.

다른 한편으로, 이러한 매혹적인 세속주의와 단절하기 위해서는 지속적인 후원 공동체의 엄청난 의지가 요구된다. 이러한 의지와 후원의 특징적인 형태는—그 공동체에 영향을 미치는 거대 문화에 대한 무시를 동반한 강한 확신을 갖고—본질적으로 개인과 '가족' 가치관에 몰두하는 고도로 도덕적인 공동체다. 나는 특히 대학 환경에서 최선을 다하는 학생 그룹을 생각하는데, 그들을 둘러싸고 있는 전투적인 세속 문화에서 믿음은 본질적으로 현실 상황에서 벗어나 있다.

젊은이들과 나누는 대화를 고려할 때, 우리는 세속화된 이기적인 무관심과 율법주의적인 개인주의만이 유일한 선택지인지 의문을 품을 수 있다. 보다 공적인 신앙, 문화를 더 광범위하고 비판적으로 바라보는 신앙이 가능한지, 또한 더 큰 공적인 관점을 갖고 시민으로서 제자를 위한 자신감이 가능한지 궁금할 수 있다. 아주 구체적이고 실제적으로 말해서, 나는 우리가 알고 있던 신앙이 이제 우리 젊은이들에게도 가능한지 궁금하다. 나는 우리 젊은이들이 세속적 무관심을 실천하거나 율법주의적인 개인주의를 신봉한다면, 그들은 복음 전도 대화를 위한 대상이라고 주장하고 싶다. 나는 그러한 대화가 무엇을 동반하는지 확신이 서지 않지만, 세 가지 문제는 분명해 보인다.

대화는 무조건적 지지의 상황에서 일어나야 한다. 이런 지지는 특정 '입장'에 대한 변호가 아니라 젊은이들의 유용성과 가치, 미래, 존재 자체에 대한 지지다. 젊은이들에게는 정말 말 그대로 자기들에게 '열광하는' 어른들이 필요하다.[5] 이 점은 너무 분명해서 우리는 쉽게 잊는다. 우리는 여기서 값없는 은혜를 중재하는 대화에 대해 언급하고 있다. 모든 사물과 모든 사람이 상품 가치를 지니고, 상품 희소성이 장점과 역량, 생산성을 중시하도록 우리를 가차 없이 몰아가는 시장 경제에서 이런 무조건적인 지지는 점점 더 힘들어지고 있다. 지지이자 수용인 대화는 그 자체로 은혜의 방편이지만, 우리 어른들은 그와 같은 대화를 점점 더 기피하면서 생산 지향적 생활 방식을 훨씬 더 선호한다. 생산 지향적 생활 방식에 따르면, 우리 자녀들조차 도구적 가치를 지닌다.

젊은이들은 자기들에게 '열광하는' 누군가가 필요하다. 하지만 이런 긍정적인 필수 요소와 더불어, 아마 나중 '단계'에서 젊은이들은 일관성 있는 현실 구조를 인식함으로써 모든 부분을 전체로 납득할 수 있어야 한다. 다시 말해, 신앙에는 명료하게 표현해야 하는 인지적, 지적 차원이 있다. 우리 젊은이들과의 대화는 일관성 있는 해석을 제공해야 한다. 해석 행위는 지나치게 교훈적일 필요가 없고, 단순히 작은 조각들을 성인 신앙 공동체가 동의하는 더 큰 맥락과 연결하는 데 도움을 주기 위한 계속되는 준비 과정이다.

나는 이런 해석 능력이 현재 성인 교회에서 빈약하고 소홀히 다루어지고 있다는 인상을 받는다. 그 부분적인 이유는 많은 성인들이 일관성 있는 신앙을 생생하게 의식하고 있지 않기 때문이다. 우리가 하나의 위기감에서 다음의 위기감으로 넘어갈 때, 신앙을 가르침의 실체로 표현하려는 노력은 현재 교회에서 지나치게 임시방편적이다. 이와 같은 임시방편적 접근의 결과는 다음과 같다. 세속적 개인주의나 자유 시장 신념, 혹은 겁먹은 율법주의의 주장으로 인해, 신앙의 단편과 조각, 즉 익숙한 신앙 공식은 무의식중에 다른 이데올로기와 결합되면서, 신앙 공식이 놓이는 상황에 따라 부분적으로 왜곡되고 만다.

신앙을 통한 일관된 현실 구성은 당연히 무조건적인 지지와 더불어 개인의 자리를 인정해야 한다. 하지만 이런 불가피한 개인에 대한 초점은 더 큰 우주적 주장과 짝을 이루어야 한다. "당신을 사랑하는" 하나님은 다름 아닌 "가난하게도 하시고 부하게도 하시는" "천지의 창조주"이시다.

무조건적인 지지와 더 큰 현실 구성 행동은 복음 전도를 위해 우리 젊은이들과 나누는 대화가 심오하고 의도적인 '대안적 양육'이 되도록 요구한다. 다시 말해, 대화의 목적은 우리 젊은이들이 '훌륭한 미국인'이나 '도덕적'이거나 '생산적'이 되는 것, 바람직할 수도 있고 그렇지 않을 수도 있는 어떤 사람이 되는 것이 아니다. 오히려 우리 젊은이들은 복음 공동체가 견지하는 독특한 신앙의 기억과 비전에 따라 세상을 인식하고, 포용하고, 재현할 수 있어야 한다. 나는 이 대화가 "이 사람은 다른 사람들과 다르다"고 인정하는 세서미 스트리트 노래처럼 울려 퍼져야 한다고 아주 분명히 제안한다. 기독교 신앙에 진입하는 회심은 세상 속의 특이성, 세속적 방종을 거부하는 특이성, 율법주의적 분파주의와 시장 개인주의를 거부하는 특이성으로 나아가는 회심이다.

따라서 나는 우리 자녀들과 관련된 상황이 거의 전무후무한 것이라는 데 동의한다. 문화적 선택지와 위험, 자원의 수렴은 지금까지 존재했던 어떤 것과도 같지 않다. 하지만 동시에 나는 무조건적인 지지와 일관된 해석, 대안적 양육의 요소가 우리 공동체에서 낯설지 않다고 제안한다. 사실 이런 요소들은 젊은이들이 항상 위험에 처해 있던 이 공동체에서 반복적으로 등장하는 대화의 주요 요소다. 이 공동체 안의 젊은이들이 위험에 처해 있는 이유는 이 신앙이 걸림돌이고 급진적이고, 그냥 전달될 수 없기 때문이다. 이 믿음은 재전유되어야 하고, 재전유는 각 세대마다 새로운 방식으로 새롭게 이루어진다. 나는 우리의 상황에서 다른 사람들이 이전에 해왔던 방식대로 우리가 그 일을 할 수 있다고 생각하지 않는다. 다만 나는 그들로부터 배울 수 있다고 생각한다. 따라서 나는 전무후무한 우리의 상황에서도, 우리 조상들은 어떻게 대화를 진행했는지 질문해 보자고 제안한다. 여기서 나는 이 공동체가 젊은이들과 지속적인 대화에 참여했다는 것을 보여주는 일련의 본문을 검토할 것인데, 그들은 우리의 젊은이들인 것으로 판명될 것이다.

증언하는 대답

우리는 부모님의 성례전 신비에 관해 궁금해하면서 참여하고 싶어 하는 아이들의 순수한 호기심을 대변하는 여섯 개의 본문을 갖고 대화에 관한 연구를 시작한다.[6] 이러한 대화의 측면은 성인 공동체가 확신과 긴박감을 갖고 행하는 직접적이고 자연스러운 증언으로 이어진다. 자녀들의 질문은 부모가 순종의 예전 행위에 참여하고 있기 때문에 제기된다. 사실, 예전적 행동을 하는 이유 중 하나는 바로 자녀들의 질문을 불러일으키기 위한 것일 수도 있다. 어쨌든 모세오경과 여호수아 본문은 올바른 예배가 결정적인 기억과 연결되어 있다고 충분히 예상한다.

- 출애굽기 12:29-유월절: 이집트인들을 "치셨다."
- 출애굽기 13:8-무교병: "나를 위하여 행하셨다."
- 출애굽기 13:14-장자를 바침: "우리를 애굽에서 인도하여 내셨다."
- 신명기 6:21-예식: "우리를 애굽에서 인도하여 내셨다."
- 여호수아 4:7-돌을 세움: "물이…끊어졌다."
- 여호수아 4:22-돌을 세움: "이스라엘이 마른땅을 밟고…건넜다."

이 여섯 가지 대화는 다양한 세부 사항에 있어서 매우 다르지만 세대 간 대화를 위해 고안된 특별한 자료집을 형성한다.[7] 여섯 가지 각각의 사례에서, 성인 공동체는 예전적 행위에 참여하는데, 중립적인 관찰자가 볼 때 그 의미는 숨겨져 있고 비합리적이다. 사실, 각각의 경우에 행위의 내용은 분명한 합리성 너머에 있다. 이 공동체의 정당성은 어떠한 관습적 합리성보다 선행하는 기억에 근거해 있기 때문이다.

존재의 성례전적 의미를 상징하는 예전 행위는 각각 유월절(출 12:26)과 무교병(출 13:8), 장자의 희생(출 13:14), 예식 준수(신 6:20), 돌을 세우는 것(수 4:6, 21)이다. 각각의 경우에 특이한 행위가 이루어진다. 이것은 모든 사람이 하는 일도 아니고, 겉으로 보기에 자명한 일도 아니다. 이것은 이 특이한 행위가 계속 현재까지 지속되는 성례전의 힘을 갖고 있다고 받아들이는 사람만이 할 수 있는 행위다. 예전적이고 성례전적인 행위는 이스라엘의 가장 명백한 대안적 양육

행위다. 이것은 눈에 보이는 것이 아닌 그 이상의 무언가가 여기에 있다고 단언한다.

(출애굽기 13:8의 부분적인 예외를 제외하고) 각각의 경우에, 순종의 성례전 행위는 자녀의 질문을 불러일으킨다.

- 이 예식은 무슨 뜻인가?(출 12:26)
- 이것은 어떤 의미인가?(출 13:14)
- 우리 하나님 여호와께서 명령하신 증거와 규례와 법도는 무슨 뜻인가?(신 6:20)
- 이 돌들은 당신에게 무슨 뜻인가?(수 4:6)
- 이 돌들은 무슨 뜻인가?(수 4:21)

아이들이 흔히 그렇듯, 이것은 단지 신비를 공유하고 싶어 하는 순수한 질문이다. 의미심장하게도, 이 가운데 일부 본문의 질문은 객관적이다. "이것은 무엇인가?" 그런데 다른 몇몇 본문의 질문은 매우 개인적이고 실존적이다. "이것은 당신에게 무엇인가?" 아이는 행사가 아니라 부모에 대해 묻는다. 이것은 마치 아이가 "당신은 누구이고, 당신이 하는 일은 무엇이고, 이것이 왜 당신에게 중요한가?"라고 묻는 것과 같다. 사실 돌과 축제에는 '객관적인' 의미가 전혀 없다. 돌과 축제는 상징하고 증언하는 신앙고백의 구성물일 뿐이다. 즉, 순진한 아이는 공동체의 중추적 의미가 성례적이라는 것을 받아들일 준비를 한다.

아이들의 질문에 대해 부모들이 내놓는 대답은 표지에서 그것이 상징하는 기적으로 즉각 옮아간다.

- 여호와께서 애굽 사람에게 재앙을 내리실 때에 애굽에 있는 이스라엘 자손의 집을 넘으사 우리의 집을 구원하셨느니라(출 12:27).
- 내가 애굽에서 나올 때에 여호와께서 나를 위하여 행하신 일로 말미암음이라(출 13:8).
- 여호와께서 그 손의 권능으로 우리를 애굽에서⋯인도하여 내실 새⋯여호와께서⋯처음 난 모든 것[을] 다 죽이셨다(출 13:14-15).
- 여호와께서 권능의 손으로 우리를 애굽에서 인도하여 내셨나니 곧 여호와께서 우리의 목전에서 크고 두려운 이적과 기사를⋯베푸셨다(신 6:21-22).
- 요단 물이⋯끊어졌다(수 4:6).
- 너희의 하나님 여호와께서 요단 물을 마르게 하셨다(수 4:23).

각각의 경우에 부모의 대답은 기적을 증언한다. 기적에 관한 얘기는 강력한 능동형 동사(4:6에서는 수동형)와 동사의 행위자로 야훼의 이름을 사용한다. 따라서 부모의 대답은 가시적인 대상으로부터 언급된 기적과 기적을 일으키는 분의 이름으로 즉각 엄숙하게 이동한다. 이 대화는 이 공동체의 삶과 정체성, 소명이 성례전을 통해서만 입증될 수 있는 아주 구체적인 기적에 뿌리를 두고 있다고 증언한다.

기적과 기적을 일으키는 분에 대한 이 회고는 대안적 양육의 실체와 양식을 제공한다. 대안적 양육의 핵심은 세상이 겉으로 보이는 것과 다르다는 것이다. 지배하고 있는 듯 보이는 권력, 강력해 보이는 이데올로기, 타협 불가능해 보이는 요구 사항은 모두 부차적이다. 권력이나 이데올로기는 자신들의 권위보다 오래 지속되는 기사들로 인해 끝없이 뒤집히고 불안정해진다.[8]

신명기 6:20-25에 대한 예리한 연구에서, 마이클 피쉬베인은 이 본문에서 아들이 "우리 하나님 여호와께서 당신에게 명령하신 증거와 규례와 법도가 무슨 뜻인가?"라는 질문을 던진다는 점에 주목했다.[9] 부모는 "우리는 종이었다"고 대답한다. 대명사의 차이가 의미심장하다. 아이들의 질문은 세대 사이에 거리를 두고 있음을 의미한다. 기념되는 '이적'은 부모들에게 속한 것이지, 질문하는 아들이 주장하거나 전유한 것이 아니다. 대조적으로, 부모의 대답은 거리를 거부하고 기적 주장을 확장하여 훨씬 포괄적인 우리 안에 자녀를 포함시키기 원한다. 따라서 피쉬베인은 이러한 질문과 대답의 교환이 부모와 자녀의 문제를 예시한다고 주장한다. 부모는 모든 세대가 동시대인이고 참여자라고 의도하지만, 자녀들은 자신을 '비동시대인'[10]으로 간주한다. 이것은 세대 사이에 되풀이되는 문제다.

부모의 전략이 중요하다. 부모는 너무 많은 것을 주장하거나 강요하거나 속단하지 않는다. 대신 부모는 계속 포용적으로 증언하면서,

아들의 거리두기를 무시하기로 선택하고 기적이 '우리'를 위한 것이라고 계속 단언한다. 부모는 논쟁하거나 주장하지 않지만 거리두기를 거부하면서, 아들이 그런 기적 범주를 사용하여 말하기를 거절하더라도 아들이 자기 것으로 삼을 여지를 남겨둔다. 부모가 견지하는 신앙 고백은, 기적의 범주에 생명을 불어넣는 개인적 경험을 할 때만 아들을 설득할 가능성이 높다. 피쉬베인의 제안에 의하면, 여호수아 4:6, 21에서 출애굽 증언은 후대의 정복 세대에 의해 주장되는데, 이제 후세대는 그 기적이 두 번째 병행 기적에서 복제되었다고 증언할 수 있다. 따라서 자녀들이 멀리서 따라갈 여지를 남겨두면서, 그들이 경험을 통해 '기적' 범주를 사용할 수 있을 그때를 준비한다. 만약 자녀들이 출애굽 증언을 가까이 둘 준비가 되어 있지 않다면, 분명 그들은 '정복'을 충실하게 이해하지 못할 것이다.

우리는 질문을 던지는 자녀의 나이에 대해 궁금할 수 있다. 순진하게 말하는 어린 아이라고 상상하기 가장 쉽다. 만약 이 질문이 더 큰 아이의 질문이라면, 우리는 훨씬 어려운 상황에 처한다. 하지만 대화가 계속 살아 있는 공동체에서, 질문은 어쩌면 침묵으로, 어쩌면 위장된 형태로 계속 반복된다. 거리를 두는 저항이나 적대감 속에서도 부모의 신앙 범주는 지속되기 때문에, 이적이 다른 식으로 설명될 때에도, 심지어 기적을 행하는 분의 경이로운 이름이 거의 언급되지 않을 때에도, '기적'은 모든 연령의 아이들과 젊은이들을 따라다닐 것임을 나는 결코 의심하지 않는다. 모든 것은 대담하게 증거하고 이 기억이 정말 대안적 기억이라고 스스로 주장할 수 있는 부모의 역량에 의해 좌우된다. 그러한 자신감은 원래의 기적을 더 '합리적으로' '설명'하기를 거부하지만, 또한 본래의 기적을 부정하기도 거부한다. 그런 부모는 현실의 위험과 원색적 권력의 세계에서 성례를 행하는 순간, 이 공동체는 순종을 요구하는 기적으로부터 가장 두드러지게 계속 생명을 이끌어낸다고 주장한다.

포화 내러티브

기적이 매일 가시적이고 구체적으로 유지되려면 충성의 반응을 불러일으키기 위해 끝없이 창의적으로 반복되어야 한다. 아마 이런 세대 간 소통에 있어서 중추적인 구절은 신명기 6:4-9일 것이다.[11] 모세의 명령에서 가시적인 부분은 손 위의 '기호'와 이마의 '표', 문설주 위의 '글씨'다. 기호와 표, 글씨는 다소 원시적으로 보인다. 그러나 위기감 속에서 만들어진 신학 교육인 신명기는 명시적인 표지가 특이성을 유지하는 방법이라는 것을 잘 이해했다. 표지는 날마다 깨어 있는 내부인을 겨냥한다. 표지는 외부인 앞에서 용기를 내는 행동이 아니다. 가족은 눈에 보이는 특이한 표지에 당황하지 않는다.

하지만 가시적인 표지는 신명기의 수사학에서 실제 큰 소리로 말하는 낭송보다 부차적이다. '암송하다'는 동사는 반복하다, 되풀이하다, 다시 말하다는 의미다(우리말 성경에서는 '부지런히 가르치다'로 번역되었다—옮긴이). 8-9절에서 '표시된' 것은 4-5절에서 소리로 들려진다. 반복해야 하는 것은 이스라엘의 가장 근원적인 믿음을 확언하는 말씀이다. 암송은 포화 증언, 모든 대화의 진짜 주제다. 그것은 집에 있을 때, 길을 걸을 때, 누워 있을 때, 일어날 때, 즉 어떠한 시간이든 상관없이 저녁과 아침에, 항상 모든 곳에서 계속되는 대화다. 사사기 5:10-11에서도 같은 종류의 동사가 사용된다.

> 흰 나귀를 탄 자들, 양탄자에 앉은 자들, 길에 행하는 자들아 전파할지어다 활 쏘는 자들의 소리로부터 멀리 떨어진 물 긷는 곳에서도 여호와의 공의로우신 일을 전하라 이스라엘에서 마을 사람들을 위한 의로우신 일을 노래하라 그때에 여호와의 백성이 성문에 내려갔도다.

사사기 5:10-11은 마을 우물가나 물 긷는 곳에서 매일 벌어지는 소문을 묘사한다. '가십' 주제는 우리가 위에서 살펴본 모든 대답과 동일하다. 그 주제는 심지어 이 힘없는 유민들에게도 삶을 가능하게 해 준 야훼의 변혁적 기적이다.

신명기 6:4-9에서 표지로 새겨지고 들리는 이 포화 증언의 주어는 야훼, 네 하나님 야훼, 유일하신 야훼, 한 분이신 야훼이시다. 이 반복되는 증언에서 핵심 주제는 "우리"와 우리의 모든 수입과 소비,

우리의 모든 두려움과 희망에서 옮겨져, 해방자이자 사령관으로 알려진 분을 이 가족의 중심에 둔다. 신명기 6:4-11의 지배적인 명령은 구원 이야기의 핵심 행위자인 이 야훼가 사랑하고, 신뢰하고, 두려워하고, 존경하고, 소망하고, 의지할 분이시라는 것이다. 포화 교육의 의도는 우리의 삶 전체가 다른 누구도 아닌 이 한 분만을 신뢰하고 충실히 섬기는 데 헌신해야 한다는 것이다. 따라서 이 공동체의 특이성, 대안적 양육의 초점은 도덕성이나 행동 또는 '가치'가 아니라 충성이 향하는 대상, 삶을 가능하게 만드는 기적을 행하시는 분이다. 이렇듯 야훼에게 맞춰진 초점은 기적을 행하는 분의 이름을 언급하지 않으려고 하는 과묵한 자유주의를 반대한다. 또한 이러한 초점은 삶을 일련의 규칙으로 환원하려고 하는 전투적인 보수주의에 반대한다. 사랑하라는 명령은 기적을 행하는 분의 이름을 언급하지만, 사랑(충성심)이 낭송자의 몸을 통해 스스로 작동하게 한다.

우리는 7절에서 "암송하다"(반복하다)라는 단어에 잠시 멈출 것이다. 처음 등장하는 모습을 볼 때, 4-5절의 고정된 공식은 반복되는 주문처럼 들릴 수도 있다. 하지만 신명기 전체를 고려한다면, "반복하다"라는 동사는 엄청난 상상력과 해석적 자유를 가지고 사용되어야 한다는 것을 깨닫는다. 다시 말해, 복음 전도자는 대화할 때 능숙하고 예민한 해석자여야 한다. 신명기는 반복적인 공식에 몰두하거나 국한되지 않는다. 나는 "암송하다"가 야훼와 야훼의 사랑이 믿는 자녀의 삶에서 어떻게 나타나고 발현되는지 보여 준다는 의미라고 제안한다. 성인 공동체는 기적을 행하시는 야훼의 사랑이 모든 단계와 모든 상황에서 삶에 관계하는 방식을 증거할 준비가 되어 있어야 한다. 신앙 고백 공식은 야훼의 주권과 야훼에 대한 헌신이 모든 경쟁적 주장과 대비되어 명확하게 규정되지 않은 대화는 결코 존재하지 않는다고 믿는 우리의 해석 전통의 기원이다. 자녀는 이 가정에서 알려진 인물이신 야훼의 앞에서 자신의 삶을 재구상하고 재형성하도록 허용된다.

다음 세대를 기성세대의 신앙과 열정에 포함시키는 데 관심을 둔 이 공동체는 신앙의 힘이 젊은이들에게 안전하게 의탁되는 것에 대해 많이 염려한다. 이 문제에 대한 염려는 부유한 가정이 재산에 대해 염려하는 것과 다르지 않다. 한편으로, 재산은 온전하게 유지되어야 한다. 다른 한편으로, 유산을 책임 있게 상속받고 보존할 믿을 만한 자녀가 있어야 한다. 지금까지 우리가 신명기(그리고 출애굽기와 여호수아서의 관련 본문)에서 인용한 교훈 전통은 이러한 불안을 명시적이고 직접적으로 다루는 경향이 있다. 어조는 긴박하고, 나는 이 내용이 젊은이들에게 강압적으로 느껴질 수 있다고 생각한다. 포화 교육을 하는 것은 세대 간의 연속성 문제를 해결하는 가장 효과적인 방법이 아닐 수도 있고, 결국 비생산적이고 자기 패배적인 방법일 수도 있다. 이러한 교훈적 전통의 대안이자 수정으로, 나는 이제 이 전승과 관련하여 성인 공동체의 통제와 관리 너머에 있는 불가해하고 기묘한 무언가가 숨겨져 있다고 인정하는 아주 다른 일련의 본문을 고려하려고 한다.

창세기의 조상 이야기는 모세-여호수아 본문과 대조적으로 하나님의 복에 관심을 둔다(창 12-50장). 복은 생명력, 즉 이 공동체에게 약속되고 그 안에 이식된 삶의 능력이다. 창세기 12-50장의 내러티브는 이 아브라함과 사라 가정이 저주로 가득 찬 세상에 하나님의 복을 전하는 특별한 운반자라고 증언한다.[12] 이 말은 이 가족이 엄청난 역경에도 굴하지 않고 살아남는 삶의 능력을 위탁받았다는 뜻이다. 만약 이 복의 주장을 좀 더 친숙한 범주로 번역한다면, 우리는 역사의 패배나 죽음의 최종성을 받아들이기를 거부하는 일종의 자신감과 삶에 대한 긍정이 이 가족에게 주어진다고 말할 수 있겠다. 이 동일한 자신감과 긍정은 믿는 부모가 자녀들에게 소망하는 것이다.

이 이야기들은 엄청난 역경에 굴하지 않고 계속 기능하는 책임 있는 해방된 삶의 전달자인 자아를 건강하게 포용하는 것과 관련 있다. 창세기는 "포스가 너와 함께하길"이라는 단언을 중심 주제로 삼는다. 우리가 우리 자녀들에게 전달할 수 있는 것은 하나님이 주신 이 생명의 '힘'이다. 창세기는 신명기와 달리 이 문제에 대해 가르치려고 들지 않고, 그러한 전수가 어떻게 성취될 수 있는지에 대해 명시적으로 언급하지 않는다는 점에 유의하자. 창세기 내러티브는 (신명기에서처럼) 가르침을 전수하려고 하기보다는 야훼의 힘, 즉 복을 전달하기를 원한다.

조상들의 이야기에서 주된 초점은 세대 간의 단절에 반복해서 놓인다. 이야기의 관심은 복을 받는 것보다는 복을 다음 세대에 안전하게 안착시키는 데 있다. 모든 아버지와 어머니는 이 임무에 몰두하고, 모든 자녀는 이 특별한 길에 속하기를 열망하면서 기다린다. 창세기 자료가 매번 순환할 때 문제는 동일하다. 이야기가 들려지고 다시 들려지는 가운데, 아버지와 어머니, 아들과 딸은 이 복이 자신들이 통제하고 위임할 수 있는 것이 아니라, 결국 이 복은 가족 안에서, 가족을 통해 불가해한 방식으로 작동한다는 것을 배운다.

아브라함과 사라의 이야기는 아들에 대한 갈망으로 점철되어 있다(창 12:1-25:18). 사라는 불임이고 아브라함은 늙었다. 하갈을 통해 아들을 낳지만, 그 아들은 약속의 자녀가 아니다.[13] 약속된 후계자 이삭, 즉 복을 전달해야 하는 인물은 하나님의 놀라운 결정에 따라 뒤늦게라야 주어진다. 더 나아가 뒤늦게 주어진 이 아들(21:1-7)에게 즉각 믿음의 시험이 '필요하다'(22:1-14). 아들이 주어졌다고 하더라도 그는 아브라함과 사라의 '소유'가 아니다. 이야기의 마지막에 이르러서야, 즉 어머니 사라가 죽고(23:1-20), 아내 리브가를 안장하고(24:1-67), 아버지 아브라함이 죽은 후(25:1-10)에야 이삭은 약속을 받는다(26:2-5). 이삭은 아이였을 때 약속을 받지 못했다. 이삭은 친자식이 태어난 후에야(25:21-26), 그리고 이삭 자신이 기근으로 인해 위기에 처한 후에야(26:1) 약속을 받았다.

바로 그때 야훼께서 마침내 이삭에게 오셔서 이 놀라운 복을 선언하신다(26:2-5). 이제 이삭은 아버지 아브라함에게 이미 주어진 약속을 받는다. 이제 이삭은 서약의 초점이 되고, 자녀와 상속자를 보장 받는다. 하지만 이 약속된 복은 바로 아버지 아브라함이 순종했기 때문에 주어진다(26:5). '힘'은 이제 이삭 안에서 다음 세대로 흘러간다.

27장에 이르면서 복은 다시 위기를 맞는다. 이제 이삭은 늙었고, 그는 이 복이 자기 아들들에게 주어지는 것을 보아야 한다. 이번에 위기는 결국 불임이 아니라(하지만 25:21 참조), 다툼, 아들들이 태어나기 전 예정된 다툼이다(25:33). 이 다툼은 특별한 아들, 야곱이나 에서를 각각 선호하는 어머니, 아버지와 함께 가정의 중심에서 작동한다. 27장의 감동적인 내러티브에서 두 가지 문제가 우리에게 제기된다. 한편으로, 복은 속임수(도둑질)에 의해 확보된다(27:18-29). 다른 한편으로, 복의 수여는 돌이킬 수 없는 것이어서 아버지는 깊은 슬픔에 빠진다(27:35-38).

이 이야기를 실제 삶과 연관 지어 읽을 때, 우리는 우리가 알고 있는 실제 가정과 동떨어져 있지 않다는 것을 볼 수 있다. 가족도 비슷하고 아이들도 비슷하다. '미래의 물결'이 항상 본래 있어야 할 곳이나 의도적으로 배정한 곳에 정착하는 것은 아니다. 가족의 미래를 붙들고 그것이 자기 것이라고 주장하는 아들과 딸이 있다. 결과는 때로 모든 부모가 기대하는 것과 다르지만, 그럼에도 이것은 가족이 미래로 나아가는 길이 된다. 야곱의 절도와 리브가의 교활함, 이삭의 비애는 결국, 전부 곤혹스럽지만 강력하게 다음 세대에 복을 전달하는 이야기다. 나중에 밝혀지듯이, 야곱은 약속의 강력한 전달자, 즉 약속의 충분한 잠재력과 유익을 발휘하도록 준비된 사람이 된다. 실제로 야곱은 하나님으로부터 "내가 너와 함께 있으리라"(28:15, 참조 26:3) 등 경이로운 약속을 받는다. 약속을 수동적으로 받아들인 아버지 이삭과 달리, 야곱은 훨씬 더 많은 것을 원한다. 야곱은 하나님께 순종하기 위한 조건을 요구하는데, 그 요구는 사실 하나님을 요구하는 것이다(28:20-22).

세 번째 세대의 복에서, 사라나 리브가의 경우와 마찬가지로 문제는 불임이다(29:31). 불임과 복에 대한 긴 이야기가 들려지면서 약속의 전수가 결코 쉽지 않음을 강조한다. 복을 다음 세대로 전달하는 것은 매번 문제를 야기한다. 복의 전수 문제가 창세기 자료를 지배한다. 이 순간에 복의 위기는 요셉의 꿈으로 인해 증폭된다(37:5-11). 꿈이 항상 그렇듯, 이 달갑지 않은 꿈은 가족을 혼란에 빠뜨린다. 동생 요셉은 사랑받는 아들이다(37:3). 요셉의 꿈은 그의 특별한 지위를 최대한 활용하려고 한다. 가족은 다시 위기에 휩싸인다. 정당한 상속자인 요셉의 형들이 이 버릇없고 사랑받는 아이의 위협을 즉각 감지하기 때문이다.

복에 관한 이 이야기는 두 가지 점에서 특이하다. 우선, 요셉은 자기보다 이전의 이삭이나 야곱과 달리 어디서도 공식적으로 복을 받지 않는다. 그는 복된 미래를 꿈꾸었고 그것을 알아챘지만(45:1-8), 그게 전부다. 요셉은 복이 자신의 의도와 상관없이 자신의 삶에서 작동하고 있다는 것을 깨달았다. 둘째, 아버지 야곱이 늙어 복이 위험에 처했을 때, 요셉은 자기 아들들에게 복을 확보하기 위해 의도적인 조치를 취한다(48:1-20). 놀랍게도, 이 순간 복은 요셉의 세대를 건너뛰어 전달된다. 내레이터는 이런 전개 방식을 매우 분명하게 의식하고 있다(48:5-6). 더 나아가 27장과 마찬가지로, 48장에서도 복은 엉뚱하게 지정된다. 이번에는 속임수에 의한 것이 아니라 어디에서도 설명되지 않은 실수 때문이다(14절). 야곱과 마찬가지로, 이번에 작은 아들 에브라임이 주요한 복을 받는다. 하지만 이 실수는 돌이킬 수 없는 것이고, 에브라임은 다음 세대로 이어지는 복의 전달자가 된다.

이 창세기 이야기들이 우리 부모와 자녀에게 계속 떠오르는 이유는 우리가 이 이야기들을 '사실'로 받아들이기 때문이 아니다. 분명이 이야기들은 출애굽기-여호수아에서 낭송되는 이야기들과는 매우 다른 장르에 속한 것이다. 이 이야기들은 우리 공동의 기억에서 가장 먼 부분에 속해 있다. 하지만 모든 참여자의 의도나 통제를 벗어난 불가해한 차원이 이 이야기들에 포함되어 있다는 것은 이미 분명하다. 모든 세대마다 복의 전승은 문제를 야기할 뿐만 아니라 신비로 가득 차 있다. 다음 세대로 넘어가는 전승 과정은 인간의 의도를 통해 완전히 성취되지 않는다. 따라서 이삭은 뒤늦게 복을 받는다. 게다가 이삭은 야곱이 주요 인물이 되도록 운명 지어진 모태의 신탁에 따라 복을 빌어야 한다. 또한 노년의 야곱 자신도 이해할 수 없는 이유로 손을 교차한다(창 48:14).

나는 이 이야기들이 세대 간 사역을 위한 중요한 모델이라고 생각한다. 이 이야기들은 복의 도래가 우리의 통제를 훌쩍 넘어선다고 단언한다. 우리는 다음 세대의 신앙의 형태를 지시할 수 없다. 부모는 실제로 다음 세대의 신앙의 결과가 종종 우리의 계획이나 심지어 최선의 추측도 따르지 않는다는 것을 거듭 반복해서 배운다. 세대 사이에는 꿰뚫어 볼 수 없는 신비가 들어 있다. 따라서 우리는 복이 특이한 방식으로 주어진다는 것을 알 수 있다. 그럼에도 우리는 복이 싫든 좋든 다음 세대까지 살아남았다는 사실을 기뻐할 것이다. 물론 가족의 이야기 전달자가 가능성이 없거나 부적합하다고 여긴 인물을 통해 복이 전달되기도 하지만 말이다.

명령하는 내러티브

세대 간 전승 자료는 풍부하고, 다양하고, 설명 불가하다. 지금까지 우리는 아주 상이한 세 가지 연속성 모델을 고려했다.

- (1) 여섯 개의 낭송 본문은 부모 세대의 낯선 성례 활동에 대해 여전히 자신이 외부인이라고 생각하는 새로운 세대를 이야기 안에 통합하려고 노력한다.
- (2) 신명기 6:4-9의 포화 교육은 지속적인 해석을 통해 현실에 대한 일관된 구성을 제공하려고 노력한다.

(3) 창세기에서 복의 수여는 우리의 최선의 의도를 거스르는 불가해한 신비와 비가역적인 결과를 보여준다.

통합과 구성, 신비하고 비가역적인 복의 수여를 통해 젊은이들은 신앙의 약속과 정체성에 결속된다. 따라서 해방과 기억, 복에 관한 담론은 신앙의 실체에 초점을 맞춘다. 하지만 전반적으로 부모는 그처럼 부담스럽거나 장기적인 범주를 고려하지 않는다. 복의 전수와 관련된 불안은 대개 훨씬 더 일상적이고 구체적이다. 부모는 자녀들이 도덕적 전통을 받아들여 자신에게 상처를 주거나 가족에게 부끄러움을 주지 않기를 원할 가능성이 더 높다. 신명기 6:4-9에서 우리가 예상하듯이, 이스라엘의 젊은이들이 받아들이는 도덕적 성찰의 전통은 명확히 신정론적인 전통이다. 다시 말해, 윤리적 성찰은 하나님의 목적에 따라 정리된 세상에서 살아가는 것과 관련 있다.

하지만 구약 성경의 윤리적 전통은 과도하게 경건하거나 신학적이지 않다. 내가 보기에, 구체적으로 실천되는 우리 자녀들의 도덕적 양육은 자녀들이 어릴 때는 지나치게 이상주의적이고, 나이가 들 때는 지나치게 계산적인 경향이 있지만, 이상주의와 계산은 모두 야훼 신앙의 윤리 같은 것의 주요한 주장을 놓친다. 우리의 습성은 아주 어린 아이들에게만 신앙의 급진적인 도덕적 차원을 가르치는 것이다. 그 이유는 아이들에게는 그런 급진성을 실행할 힘이 없다고 생각하기 때문이다.[14] 그런데 우리 청년들이 도덕적 비전을 실행할 수 있을 만큼 나이가 들자마자, 우리는 계산적 실용주의라는 전혀 다른 윤리적 관행으로 그들을 인도한다. 내가 보기에, 전통적으로 젊은 여성들은 이상주의적 양식에 더 오래 머물렀다. 그 이유는 분명 이상주의적 주장을 의미 있는 방식으로 실행할 힘이 젊은 여성들에게 더 오래 지속되지 않았기 때문이다.

전통적인 양육과 교육에서 젊은 남성(소년)은 분명 이상적 급진성에서 벗어나 갈등과 경쟁의 냉소적인 세계로 진입하는 일종의 '통과 의례'를 거친다. 이것은 부분적으로 운동을 통해 성취되지만, 지배적인 사회적 전제가 이러한 전략을 뒷받침한다. 이와 대조적으로, 캐럴 길리건이 입증했듯이, 젊은 남성이 급진주의에서 '현실주의'로 전환하는 시점에 젊은 여성은 의도적으로 순응(뒤로 물러남) 교육을 받으면서 윤리적 급진주의의 기미를 보이거나 실재 세계에 영향을 미치는 다른 모든 급진적인 요소들로부터 멀어지는 쪽으로 향한다. 여성이 실제 권력에 접근하게 될 때, 역으로 여성은 계산적 실용주의를 실천하는 방향으로 훨씬 완전하고 신속하게 빠져든다.[15] 그런데 이런 점증하는 경향은 훨씬 순응적인 보호와 상반된다.

우리가 젊은이들에게 위탁하는 윤리적 전통은 강력한 야훼 신앙의 주장이다. 이 윤리 전통의 중심에는 사람, 목적, 인격, 의지가 있다. 이 주장의 핵심은, 하나님이 위협적 존재이시고 따라서 두려움 때문에 순종해야 한다는 것이 아니다. 오히려 이 위험한 인물은 우리와 사귀려는 의도를 갖고 계시고, 우리의 삶이 지향하는 목적인 사귐에

도달할 때까지 삶에 만족하지 못하도록 우리를 창조하셨다.[16] 시편은 이스라엘이 하나님을 욕망한다고 분명히 말하고(시 73:25 참조), 우리의 윤리적 전통은 이 욕망이 우리와 함께하시는 하나님의 일이라고 단언한다. 다시 말해, 우리가 하나님을 욕망하는 이유는, 하나님이 찬양과 기도, 순종으로 표현되는 사귐을 바라는 만족할 줄 모르는 열망으로 우리를 창조하셨기 때문이다. 이 사귐은 모든 참된 순종의 모판이다. 순종은 사랑받고 사랑하며, 보살핌을 받고 소중하게 여겨지며, 감사의 헌신으로 표현되는 응답의 부산물이기 때문이다.

사귐을 추구하고 사귐에 들어가기 위해 훈련과 기술이 필요하다는 것은 분명하다. 우리는 '첫 성찬'(first communion)에 대해 쉽게 언급하지만, 교회는 '첫 성찬'이 준비가 필요한 경이로운 행사라는 것을 형식적으로나마 늘 알고 있었다. 하지만 나는 '사귐'(communion)을 성만찬에 맡기고 싶지 않다. 왜냐하면 사귐의 친밀함은 사귐을 직접 실천하는 성인 공동체에 의해 매개되는 개인적이고 자발적인 성만찬 이전의 사귐이기 때문이다. 사귐의 과정에서 아이들은 이웃이 수단이 아니라 목적이듯이 "나는 목적이지 수단이 아니다"라는 것을 배운다. 우리를 향한 하나님의 욕망이 그 자체로 목적이듯이, 하나님을 향한 우리의 욕망도 그 자체로 목적이다. 사귐에 들어가려면 도구주의를 지향하는 우리의 경향과 근본적으로 단절해야 한다. 하나님과의 사귐에는 도구적 가치가 전혀 없고 그 자체가 목적이다. 아이들을 향한 어른들의 성향이 우리의 의제의 도구화를 넘어서서 아이들과 우리의 관계가 그 자체로 목적이 될 때에만 아이들은 이것을 경험할 수 있다는 것이 나의 생각이다.

사귐을 추구하고 받아들이는 것에는 어린아이처럼 순수한 무언가가 있지만, 그러한 과정은 낭만적이거나 이상주의적이나 지나치게 경건하지 않다. 사귐에 뿌리를 둔 윤리의 가장 중요한 질문은 "하나님이 우리 삶에 심어두신 욕망을 어떻게 해야 하는가"다. 우리는 그러한 순수한 사귐이 그 자체로 아주 어린 청소년들에게만 해당되는 목적이라고 생각하는 경향이 있었다. 나는 우리 젊은이들이 나이가 들어가면서 다음 두 가지 일 중 하나가 발생한다고 생각한다. 한편으로, 다른 것이 사귐에 대한 욕망을 대체하면서 하나님이 주신 욕망은 탐욕이나 야망, 정욕, 다시 말해 통제욕, 안전욕, 소유욕의 실천으로 바뀌게 된다. 하나님이 주신 욕망은 실천되기는 하지만, 이제 그 욕망을 주신 하나님을 고려하지 않은 채 심각하게 왜곡된다. 우리는 돈과 권력, 안전, 만족, 충족을 바라는 호도된 욕망에 이끌리는 소비 사회에서 이러한 대체 현상을 볼 수 있다. 사귈 수 없는 것과의 사귐을 가리키는 전통적인 단어는 '우상숭배'다. 신앙 공동체의 젊은이들은 나이가 들어가면서 우상숭배에 관한 비판적 대화 속에서 양육될 수 있다. 우상숭배란 만족을 줄 수 있지만 결코 기쁨을 줄 수 없는 호도된 욕망이다.[17]

다른 한편으로, 호도된 열망이 파괴적인 것(혹은 당혹스러운 것)이 될 때, 대안적인 반응은 열망을 억누르고, 갈망을 부정하면서, 훨씬 수용 가능한 '도덕적' 기획으로 삶을 축소하는 것이다. 이것은 욕망에 대처하는 훨씬 특징적인 '교회'의 반응으로, 이는 사회적으로 수용 가능한 실용적 행동으로 신앙을 축소하고, 어쩌면 우리를 하나님의 형상대로 살게 하는 바로 그 욕망을 부정하도록 요구하는 율법주의로 신앙을 축소하는 것이다.

따라서 공동체에 속한 자아가 진정한 실천을 통해 성인다운 사귐을 양성하는 것은 윤리의 주요한 임무다. 청년들의 나이가 들어가면서, 이렇게 하나님과 동행한다는 자아의 인식은 자기 방종과 자기 부정이라는 두 가지 파괴적인 양식의 대안을 제시한다. 사귐의 실천은 '중도'가 아니다. 사귐의 실천은 오히려 우리를 갈망하고 우리가 갈망하는 대상이 되기 원하시는 독특한 하나님께 부합하는 독특한 자아 인식과 함께 시작되는 진정한 제3의 대안이다. 복음은 제3의 길, 곧 우리 시대의 주요 병리를 해결하는 대안이 우리에게 주어졌다는 것이다.

사귐의 주체이자 동반자이신 이 하나님을 아는 길은 추상적 개념이나 진공 상태에서 주어지지 않는다. 사귐의 주체이자 동반자이신 하나님은 일차적으로 또한 본질적으로 이 공동체 내러티브를 통해 알려지신다. 하나님은 '저 밖에 있는' 존재가 아니라 우리가 목격자이고 잠재적인 참여자인 텍스트 드라마 속에 나오는 등장인물이시다. 이 하나님과 사귀려고 한다면, 우리는 하나님이 거하시는 이 내러티브를 끊임없이 여행해야 한다(우리는 이 이야기들의 '사실성'을 논할 필요는 없다. 모든 예술적 기획과 마찬가지로, 자발적인 불신 유예에 참여하는 것으로 충분하다).

성경을 통해 우리에게 주어진 이야기들은 깊이와 밀도, 강도, 자유를 지닌 하나님, 풍부한 질감으로 내러티브 안에서 또한 내러티브를 통해 일하시는 진정한 '등장인물'이신 하나님을 우리에게 전해준다. 내러티브의 임무는 두 가지 저항을 가능하게 한다. 한편으로, 하나님의 내러티브적 특징은 하나님을 고정된 형이상학의 범주로 환원하지 못하도록 저항한다(이 저항에는 성경의 믿음과 대부분의 교회 신학에 내재된 헬레니즘 범주 사이의 오래된 싸움이 반영되어 있다). 이 하나님은 분노하고, 이중적이고, 옹졸하면서도 또한 원대하고 강력하고 관대하게 행동할 수 있을 만큼 자유로운 분이시다. 다른 한편으로, 좀 더 현대적인 관점에서 볼 때, 하나님이라는 내러티브 속 인물은 또한 통제 가능한 체계적 결과 속에 모든 것을 놓는 일차원적이고 기술적인 '설명'으로 환원하지 않도록 저항한다. 사실, 하나님이라는 인물을 가장 잘 드러내는 것은 이런 의외성이다. 또한 이러한 의외성으로 인해, 개인적이든 신학적이든 경제적이든 정치적이든, 우리가 고수하는 모든 확신은 불안정해진다.

신앙의 중심축인 '위대한 내러티브'에서도 구체적인 대화 순간과 매우 개인적인 접촉으로 자주 시선을 돌리기 때문에, 하나님에 대한 우리의 연구는 아주 특정한 상황에서 하나님이 하신 말씀과 행동으로 귀결된다. 따라서 '타락 이야기'(창 3장)는 하나님이 이 남자와 이

여자에게 하신 말씀으로 귀결된다. 출애굽기의 '위대한 내러티브'는 모세(및 아론)와 나눈 일련의 대화를 중심으로 전개되고, 이는 다시 바로와의 대화로 이어진다. 이야기는 대부분 대화를 정확히 전달하면서, 정확한 문장이 알려지고 적절한 운율로 반복되는지 확인한다.

하나님은 두려움과 모욕, 당혹감부터 기쁨과 놀라움, 환희에 이르기까지 갖가지 경험을 허용하는 이야기 속에 살아 계시기 때문에, 분명 하나님은 이야기 전달자의 입술로 인해 살아 계신다. 이야기를 전하고 들으려는 인내심이나 밀도 있는 상상력이 부족한 사회에서 이 점은 아무리 강조해도 지나치지 않다. 그렇다고 해서 사귐을 원하고 선사하는 이 하나님을 전하는 이야기가 항상 위대한 '신학적' 이야기이거나 화려한 윤리적 구현이라는 의미는 아니다. 이 이야기들은 가족들이 소중히 여기는 '부츠 아저씨'와 '하워드 아저씨'와 '리지 사촌'에 관한 오래된 이야기와 나란히 존재하는 가족 이야기일 뿐이다. 하나님은 정말 특이하고 '다른' 분이시지만, 내러티브 양식에서 이 하나님은 다른 가족들과 마찬가지로 끊임없이 현존하면서 주목하라고 요구하는 활동적인 힘으로 등장하신다.

게다가 가족 이야기에 귀 기울일 때, 우리는 그 이야기의 강한 특징에 매료된다. 이러한 이야기는 대개 중심인물이 촌철살인 같은 한 문장을 내뱉으면서 끝나는데, 이 한 문장 덕분에 오래전에 죽은 이야기는 다시 가족들에게 활력을 불어넣는다. 이로써 가족은 소속감을 갖고 모이고 활력을 되찾는다. 가족의 일원이 된다는 것은 (새로운 친족들이 깨닫듯이) 이렇게 마무리하는 한 문장을 아주 정확하게 배우는 것이기 때문에, 종종 그 이야기를 전부 다 들려줄 필요 없이 한 줄만 암송하는 것으로 충분하다.

성경도 마찬가지다. 성경의 하나님은 종종 내러티브에 나오는 재치 있는 말의 화자나 주어가 되신다. 가족에 소속감을 갖는다는 것은 그 한 문장의 무게를 알고 이해한다는 뜻이고, 따라서 종종 그 한 줄을 말씀하는 하나님께 참여한다는 뜻이다.

이제 우리는 이것이 복음 전도와 무슨 관련이 있는지 질문할 수 있다. 간단히 말해서, 사귐을 목표로 하는 이런 내러티브는 단순히 오래된 내러티브가 아니라 기쁜 소식이다. 기쁜 소식은 우리의 삶이 상상력을 지배하는 이분, 다른 어떤 공동체의 구성원과 사뭇 다르게 이 이야기를 전달하고 사귐을 실천하는 공동체의 구성원으로 우리를 포함시키는 이분을 중심으로 이루어진다는 것이다. 우선 먼저, 이 기쁜 소식으로 인해 이 공동체는 소유의 힘이나 율법주의의 혼돈에 갇히지 않고, 개방적이고 수용적인 상상력을 소유할 수 있다. 실존의 중심은 삶을 특정한 궤도에 두는 드라마의 기쁨 안에 존재한다. 풍성한 내러티브 상상력이 윤리적 주장의 맥락을 제공하지 못한다면, 윤리는 강압적인 것이 될 수밖에 없다고 나는 믿는다.

이러한 내러티브 속 사귐은 당연히 명령으로 이어진다. 이스라엘과 교회에서 윤리는 십계명을 중심으로 형성된다. 루터는 첫 성찬을 실행하면서 십계명의 중심성을 제대로 이해했다. 교회가 사귀는 분은 명령하시는 주님이기 때문이다. 결국 사귐은 명령으로 귀결되지만, 그렇게 신속하게 혹은 간단히 귀결되지는 않는다. 명령을 내리시는 하나님은 그와 같은 내러티브 유희 속에 현존하는 분과 동일한 하나님이라는 점이 중요하다.[18] 교회는 종종 너무 엄격하게 명령에 초점을 맞추었고, 내러티브적 상상력 속에 영원히 현존하는 분이 그 명령을 주신 것이 아니라, 맥락 없는 절대적 명령이나 되는 듯 행동했다는 데는 의심의 여지가 없다.

한 가지 비유를 들어보겠다. 나이가 들어가면서, 우리는 부모님이 "무언가를 대변했다"는 것을 깨닫는다. 부모들은 산 위에 서서 점토판에 자신의 신념을 요약하여 우리에게 주지 않았다(대부분 그렇지 않았다). 하지만 시간이 지나면서 부모들은 특정한 목표와 가치관, 희망을 반복적으로 표명했다. 나중에 돌이켜 보면서, 우리는 '아빠'나 '엄마'가 말한 모든 것 중에 가장 중요한 문제가 이것이었다고 짚어낼 수 있을 뿐만 아니라 더 나아가 공식화할 수 있다. 현명한 부모는 이 '가장 중요하게 여기는 문제'가 다양한 방식으로 강화되고 있는지 확인한다. 결국, 다른 산만한 자료, 심지어 중심 문제와 상충되는 문제가 기억에 담겨 있더라도, 우리는 이런 문제들에 주목하고 기억할 수 있다. 깊이 성찰한다면, 우리는 대개 부모가 끈질기게 고수했던 '지배적 명령'을 인식할 수 있다.

물론 이것은 비유일 뿐이다. 나는 이 비유를 너무 강하게 고집하지 않는다. 하지만 나는 십계명이 하나님이 가장 '관심을 갖는 문제'

라고 제안한다. 하나님의 내러티브적 활력과 명령의 단일한 권위 사이에 긴장과 모순이 존재한다는 데는 의심의 여지가 없지만, 기억하고 동의하는 공동체는 내러티브를 향유하는 것과 명령을 받아들이는 것이 둘 다 가능하다는 것을 깨닫고, 둘 중 하나만 선택하지 않겠다고 거부한다.

따라서 나는 우리 젊은이들이 이 피할 수 없는 인물에 관한 내러티브의 즐거움을 맛볼 때, 그들은 하나님이 가장 많은 관심을 갖는 문제에 집중할 것이라고 제안한다. 하나님이 가장 관심을 갖는 것은 하나님 사랑과 이웃 사랑이다. 다시 말해, 하나님은 사귀려는 우리의 열망이 왜곡되거나 잘못된 방향으로 흐르지 않기를 원하신다. 하나님은 이웃과 그들의 생명, 그들의 몸, 그들의 재산이 수단이 아닌 목적으로 존중되고 다루어지기를 원하신다. 이 명령은 아주 단순하고, 하나님과 이웃을 희생시키는 파괴적인 방종과 더불어 하나님이나 이웃이 기뻐하지 않는 파괴적인 자기 부정을 모두 피하는 매우 까다로운 대안으로 우리를 초대한다. 기억에 남는 부모가 종종 그렇듯, 우리는 악의 없어 보이고 더없이 분명한 이 진술들에 혁명적인 함의가 담겨 있다는 사실을 너무 늦게 발견할 수도 있다. 하나님이 '가장 관심을 갖는' 이 문제들로 우리 젊은이들이 인도된다면, 우리 사회의 끔찍한 우상숭배와 함께 오는 죽음으로부터 우리 젊은이들을 실제로 구할 수 있을 것이다.

하나님의 명령은 끝없이 변화하면서 문제를 야기한다. 교회는 너무나 자주 그 한 줄 명령의 밀도나 복합성, 문제를 야기하는 특성을 인식하지 못한 채, 한 줄 명령에 기꺼이 안주해 왔다. 명령을 그런 식으로 받아들일 때, 거의 불가피하게 그 명령은 우리 삶과 무관한 것으로 치부되거나 혹은 우리 삶의 작은 사적인 영역으로 넘어갈 것이다. 사실, 우리 부모들이 가장 관심을 두었던 문제들은 계속해서 새로운 방식으로 우리에게 영향을 미친다. 우리가 아주 빈번하게 깨닫듯이, 부모들의 고집과 통찰, 요구 사항은 새로 부상하는 삶에서 부모들 자신이 전혀 알아채지 못한 부분에 영향을 미친다. 따라서 '가장 관심을 갖는' 문제는 원래의 범위를 훨씬 뛰어넘어 계속 형성된다.[19]

약간만 수정할 경우, 하나님이 '가장 관심을 갖는 문제들'인 십계명은 지속적이고 생성적인 효과를 계속 낳는다.[20] 달리 표현해서, 계명이 엄청난 도덕적, 지적 활력을 지닌 계속되는 윤리적 전통의 원천이라는 사실을 깨달을 때, 계명은 해석과 재해석을 계속 받아들이고 요구한다.[21] 계명은 끝없는 재해석을 요구한다. 우리는 그 예를 특히 명령 재해석의 대표적인 사례인 신명기에서 볼 수 있다. 그런데 우리는 성경 여러 곳과 교회 전통에서 동일한 활동을 볼 수 있다. 실제로 끝없는 재해석이 이루어지지 않을 때 명령은 생명을 잃고 현실과 무관한 것으로 취급될 것이라는 점은 분명하다.

적절한 사례를 한 가지만 인용해 보겠다. 십계명은 "너는 탐내지 말라"고 말한다.[22] 이 계명은 어린아이에게 가르치는 방식으로 시기와 질투에 대해 경고한다. 하지만 좀 더 예리하게 말해서, 이 계명은 구조적 제물욕에 대한 논평으로 이해될 수 있다. '지구 약탈'에 대한 인식이 높아진 지금, 이 명령을 정책이나 자유 시장 이데올로기로 표현된 일종의 탐욕에 대한 경고로, 창조 생태계의 파괴를 제한하는 명령으로 보는 것도 일리가 있다.

우리 젊은이들은 이 명령에 담긴 윤리적 생성력과 활력의 과정을 이해하고 동참해야 한다. 나는 우리 젊은이들, 예컨대 명석한 고등학생이나 영리한 대학 2학년, 대학원생이 이 윤리 전통이 현재의 정치와 경제 관행에 대해 중요한 주장을 제시하고 있다는 사실을 깨닫는 과정에서 종종 우리가 도움이 되지 못했다는 인상을 받는다. 이런 해석은 최초의 진술과는 거리가 멀 수도 있지만, 무엇에 '가장 관심을 갖는지' 말씀하신 하나님이 우리의 복잡한 윤리적 상황에 대해 주권적으로 계속 관심을 갖지 않으신다고 생각할 수는 없다. 모든 살아 있는 가정에서와 마찬가지로, 이야기를 통해 기억되는 인물은 계속되는 가족의 삶에서 계속 강력한 발언권을 갖는다.

성경은 명령 전통과 함께, 잠언을 통해 우리에게 가장 잘 알려진 지혜 전통, 즉 우리 젊은이들에게 적합한 제2의 윤리적 성찰 양식을 제공한다. 이 자료는 공동체의 최고의 도덕적, 지적 성찰을 모은 문헌집이다.[23]

지혜의 가르침은 특히 우리가 다루는 주제와 관련이 있다. 이 자료의 교육적 어조가 독특하게 "내 아들아"라고 부르는 성인의 어조이기 때문이다(가부장적 성향이 적은 사회에서 우리는 이 문구에 "내 딸아"

를 포함시킬 수 있다). 이것이 부모가 실제로 자녀를 부르는 가정 교육인지, 아니면 부모와 자녀의 역할을 가장하는 상황에서 교사가 학생들을 부르는 학교 교육인지 학자들은 판단을 내릴 수 없다.[24] 어느 경우든, 이 본문 전통은 나이 든 세대가 젊은 세대를 부르면서 자신들이 받은 도덕 교육의 밑천을 전달하는 목소리다. 이 공동체에는 경험을 통해 배운 여러 가지 것들이 있고, 젊은 세대는 쓸데없이 시간을 낭비할 필요가 없다.

모든 대학원생이 깨닫게 되듯이, 지식은 본질적으로 신뢰가 그 바탕에 있다.[25] 다시 말해, 우리가 새롭게 배우는 것은 우리보다 이전에 배운 많은 것을 신뢰할 만한 것으로 받아들이느냐에 의해 좌우되고, 우리는 교사들의 결론을 신뢰해야 한다. 새로운 배움은 고립된 상태로 존재하지 않고, 이미 많은 것을 알고 있고 신뢰하는 공동체 안에서 이루어진다.[26] 이 사실은 사회학이나 지질학이나 음악에서 명백한 사실이지만, 예술과 삶의 기술에서도 똑같이 사실이다. 잠언은 젊은 이들에게 세상 속의 도덕적 자유와 도덕적 가능성, 도덕적 한계의 형태에 대해 구체적이고 특정한 시각을 심어준다. 이스라엘은 이미 많은 것을 알고 있다고 단언한다!

나이 든 세대가 젊은이들에게 말하는 방식은 매우 중요하다.[27] 지혜를 가르치는 이 본문에는 약간 교훈적 성향이 있지만, 전반적으로 어조는 '쿨하게' 권위주의적이지 않다. 시내산의 명령과 달리, 여기에는 초월적 권위에 대한 호소가 전혀 없다. 사실 부모나 교사의 권위조차 부여하지 않는다. 유일한 호소는 경험의 타당성 및 관찰의 힘과 신뢰성에 관한 것이다. 분명 성인 화자는 발화 행위를 통해 권위를 가진 사람으로 말하려고 한다. 하지만 그 권위는 간섭하지 않고 침범하지 않는다. 청중에게 협상의 여지를 많이 주고, 청중으로 하여금 관찰을 통해 동참하도록 초대한다.

동시에, 이러한 담론 양식이 중립적이지 않다는 것은 분명하고, 따라서 우리에게 '전문가'의 관찰이 주어진다. 일상생활의 즉각적이고 구체적인 측면을 더 큰 지평에서 바라보고 젊은이들도 그 지평에서 보도록 초대하는 근원적인 도덕적 확신이 여기에 있다.

이 가르침에서 가정하고 촉구하는 시각은, 직접적 경험은 더 큰 도덕적 일관성 안에 자리를 잡는다는 것이다. 혹은 달리 표현하자면, "모든 것은 모든 것과 연결되어 있고," 삶의 구체성은 전체를 이룬다.[28] 분리된 행동은 존재하지 않고, 행동의 결과나 결말을 피할 수 있다는 듯, 결과가 뒤따르지 않는 행동은 없다. 따라서 예를 들어, 지혜 교사들은 오랜 관찰을 통해 성(잠 7:10-27)과 일(10:4), 말(10:17-18), 돈(11:24-25) 및 기타 다양한 주제와 관련된 행동에 관하여 결론을 이끌어 냈다. 논의가 얼마나 실제적인지 주목해 보자. 더 나아가 각각의 경우에 교사는 주제에 내재하는 도덕적 위험과 도덕적 가능성을 모두 주장한다. '하나님의 뜻' 혹은 심지어 신학적인 범주에도 전혀 호소하지 않는다. 이 본문은 특징적으로 '죄'에 대해 말하기보다는 '어리석음,' 즉 자기 파괴 능력에 대해 말한다.[29]

우리는 이러한 양육 방식에 유용한 두 가지 학문적 구성 요소를 파악할 수 있다. 먼저, 발터 침멀리는 지혜 교육은 '창조 신학'이라고 주장했다.[30] 다시 말해, 지혜 교육은 하나님이 세상 속에 심으셨고, 함부로 침범할 수 없는 질서의 도덕적 구조에 대한 성찰이다.[31] 둘째, 클라우스 코흐와 그를 추종하는 이들은 지혜 교육에서 '행위-결과'에 대한 단언에 주목했고, 따라서 특정한 행위에는 특정한 결과가 뒤따른다. 하나님께서 그런 방식으로 삶을 정하셨기 때문이다.[32] 여기서 나이 든 세대는 행위가 결과로 이어지는 불가해한 방식을 성찰해 보라고 젊은이들을 초대한다. 미래는 우리가 행동하는 방식 안에 잠재해 있다.

이 가르침은 흔히 본질상 무신론적인 기술적 이성에 내재된 극도로 개인주의적 관념에 빠져 있는 우리 젊은이들에게 적합하다. 부유하고 교육 수준이 높은 사람이라면, 우리는 독자적으로 선택할 수 있고, 이웃을 고려하지 않은 채 자신을 위한 결정을 내릴 수 있다고 상상하기 쉽다. 하지만 우리 젊은이들은 풍요 속에서도 화학물질 의존과 성적 방임은 위험하고 더 이상 '안전하지' 않다는 것을 깨닫고 있다. 젊은이 세대는 소유욕과 탐욕, 이웃에 대한 무관심, 즉 경제적 방임도 위험하고 더 이상 '안전하지' 않다는 것을 더 배워야 한다. 이 성인들의 목소리가 단언하듯이, 그런 대가를 치르는 이유는 행동이 창조 세계의 구조 안에서 서로 연관되도록 하나님께서 세상의 질서를 만드셨기 때문이다. 이러한 윤리적 성찰 전통은 소위 도구적 이성의 세계에서 벗어나 이성과 공동체의 구조가 어우러진 세계로 오라고 젊은이들을 초대한다.

이 도덕적 구조에 대한 가르침은 이 지혜 교육에서 전면에 등장하지 않는다. 오히려 이 가르침은 서로 관련 없어 보이는 문제를 어렴풋이 연결하고, 유비를 이끌어 내고, 가치와 행동, 선의 질서와 우선순위를 결정하는 재치 있고 창의적인 말로 표현된다. 이러한 종류의 도덕적 관찰은 예상을 벗어나고, 성찰을 유도하고, 상상을 불러일으키고, 우리의 통제 밖에 있는 세계를 묘사한다. 그 세계에서 우리가 자유를 어떻게 사용하느냐는 대단히 중요한 문제다.

잠언은 지혜의 끝이 아니다. 잠언의 뒤를 이어, 욥기의 비판적 분노와 전도서의 지친 체념이 나온다.[33] 롤랜드 머피가 관찰했듯이, 이런 목소리는 지혜의 거부가 아니라 지혜 교육의 연속이고 심화다.[34] 결국 지혜는 경험을 넘어 분노와 의심, 체념, 찬양으로 나아가는 신정론의 고뇌에 도달한다. 신정론의 끔찍한 질문은 신실한 공동체에게 낯설지 않다. 실제로 신정론의 질문은 정확히 또한 일차적으로 사귐을 추구하는 이 공동체 안에 존재한다. 나는 우리 아이들이 대학에 진학하여 카프카와 니체, 도스토옙스키를 발견하기 전에 믿음과 신정론의 위기에 대해 아는 것이 시급하다고 제안한다. 사실, 결국 이 윤리적 성찰 전통은 매혹적인 현대성의 세계에서 가능한 어떠한 대안보다 훨씬 정직하고 훨씬 유동적이다. 우리 젊은이들은 다른 곳에서 제공되지 않는 풍성한 정직함을 여기서 제공받는다.

내러티브와 명령, 지혜라는 세 가지 양식에서, 윤리적 성찰이 우리 젊은이들의 양육의 일부라는 점은 분명하다. 실제로 이 거대한 전통이 다양한 형태로 대담한 결론을 내리고 타협할 수 없는 일련의 경계를 설정한다는 것은 분명하다. 이 전통은 결국 상대주의로 기울어지지 않는다.

그런데 나는 적어도 그에 못지않게 중요한 것, 어쩌면 더 중요한 것이 지속적인 성찰과 해석 과정이라고 주장한다. 물론 상대주의로 끝난다면, 우리는 젊은이들에게 해를 끼친다. 하지만 만약 절대적인 것이 전부 자리를 차지하고 있어서 할 일이 전혀 없는 고정된 도덕적 전통을 젊은이들에게 제시한다면, 우리는 젊은이들에게 똑같은 해를 끼친다. 성경은 언약적 실재의 도덕적 차원이 계속되는 해석적 대화를 허용하고 요구한다고 명확히 지적한다. 이 대화는 힘든 작업이다. 하지만 동시에 이것은 즐거운 작업이기도 하다. 바로 그 대화 속에서 우리는 치유를 발견하고 우리가 지금까지 있었던 곳 너머로 인도되기 때문이다. 냉소적 무관심의 전통과 도구적 이성의 전통, 고정된 절대성의 전통은 많은 공통점을 갖고 있다.[35] 이들은 모두 대화하려는 노력에 저항한다. 우리의 내러티브 상상력 속에 있는 중심인물은 생성적 인물이기 때문에, 이 독특한 윤리 전통은 미완성이고 우리의 노력을 필요로 한다. 이 미완성된 과업에 우리 젊은이들을 참여시키는 것은 훌륭한 복음 전도 기회 가운데 하나다. 이 대화는 특히 아직 부분적으로 숨겨져 있는 하나님의 뜻을 분별하기 위한 것이다. 대화하려는 노력은 새로운 방식으로 하나님을 압박하고 설득하려는 것일 가능성이 더 높다. 우리가 직면한 중요한 쟁점들, 즉 생명 의료 윤리와 경제적 평등, 창조 질서의 사용 및 남용에 관한 쟁점들에는 모두 새로운 논의가 필요하다. 이 전통은 이 미완성의 노력을 지속할 용기와 자유, 담력을 가진 사람들을 지원할 것이다.

과거 말하기, 미래를 꿈꾸기

우리 젊은이들을 복음화하는 임무는 매우 긴급한 것이다. 미래의 많은 것이 여기에 달려 있다. 위험과 가능성을 암시하는 두 본문을 인용해 보겠다.

시편 78:5-8

시편 78편은 내가 아는 한 성경에서 젊은이들의 복음 전도와 관련된 가장 좋은 사례를 제시한다. 젊은이들에게 "여호와의 영예"(4절)를 전하라고, 즉 우리의 삶이 경이로운 기적에 근거해 있다는 것을 젊은이들이 알게 하라고 공동체에게 명령한다(이 시편은 바로 그와 같은 기적에 대한 회고다). 이 시편은 "후대," 곧 다음 세대가 "기이한 사적"을 알아야 할 다섯 가지 중요한 이유를 제시한다.

(1) 그들은 하나님께 소망(신뢰)을 두어야 한다(7절). 기적을 낭송하는 목적은 변혁을 일으키시는 하나님에 대한 믿을 만한 기준점을 젊은이들에게 주기 위한 것이다. 이 낭송은 하나님의 변혁적 신실하심 안에 미래를 둔다.

(2) 이 시편에서 유추할 수 있듯이, 기적을 전하지 않는다면 두 가지 방향 중 하나로 이어질 것이다. 우상이나 자신에 대한 잘못된 확신(신뢰), 합당하지 않은 확신으로 이어질 수도 있고, 혹은 자신감의 결여, 즉 자신이나 이웃 또는 둘 모두를 파괴하는 결과를 낳는 절망으로 이어질 수도 있다. 이 시편은 광야에서 식탁을 베푸신 하나님에 근거한 자신감으로 젊은이들을 초대한다(19절).

(3) 그들은 "하나님께서 행하신 일"을 기억해야 한다(7절). 전하지 않는다면 잊힐 것이다. 자신의 이야기를 전하지 않는 공동체는 기억상실증에 빠진다. 멍한 기억상실증에 걸린 공동체는 '지금'만이 존재하고 '우리'만이 존재한다고 생각할 것이다. 우리는 최근에 일어난 너무 많은 사례를 통해 기억상실증에 걸린 사람들이 암시와 맹목적 순종, 안이한 관리를 너무나 쉽게 받아들인다는 것을 알고 있다. 이러한 기억은 우리를 동화가 불가능한 예리하고 특이한 존재로 만든다. 분명 소비주의는 '상품'이 사회적 기준으로 대체되는 기억상실증에 의존하고, 시간이 지나면 그러한 '소비자 가치'는 파렴치한 잔인함으로 발전한다. 이 시편은 젊은이들이 활달한 과거로 풍성하게 채워진 마음을 갖도록 의도한다.

(4) 그들은 "그[하나님]의 계명을 지켜야" 한다(7절). 이 시편은 규칙을 지키기에 바쁜 째째한 도덕 자동 로봇을 원하지 않는다. 나는 여기서 "그의 계명을 지키라"는 표현이 도덕적 자신감이 살아 있는 사람들, 모든 상황에서 하나님 사랑과 이웃 사랑이 비록 단순한 문제가 아니더라도 강력하다는 것을 아는 사람들을 상정하고 있다고 생각한다. 이 시편은 무관심과 방종의 도덕적 무감각에 빠져 있고 인간의 과정이 본질적으로 도덕적 과정이라는 것을 깨닫지 못하는 사람들을 경계한다.

이 시편은 자녀들이 "마음이 정직하지 못한 이들" 가운데 속해서는 안 된다고 가르친다(8절). 세대를 대조하는 거북한 부정적 표현은 한결같은 마음을 가진 세대를 바라는 기대를 표현한다. '정직하다'라는 용어는 세우다, 자리 잡다, 굳건하다는 의미다. 시편 112:7-8에도 비슷한 용례가 나온다. 시편 112편에서 의롭고 굳건한 사람은 불안에 사로잡히지 않고 모든 위협과 소문, 모든 나쁜 소식으로 인해 위험에 처하지 않는 사람이다(6-8절). '확고한 마음'은 온갖 종류의 위기 속에서도 안정적인 힘과 연속성을 가진 마음이다. 이러한 확고한 마음의 한 가지 결과는 공동체의 안녕에 기여하는 관대함의 실천이다(시 112:5, 9).

(5) 그들은 "그 심령이 하나님께 충성하지 아니하는" 이들 가운데 속하지 않는다(시 78:8). 다시 말하지만, 이 시편은 거북한 부정적 표현을 통해 정의와 의의 하나님께 거리낌 없이 헌신하고 다른 어떤 충

성이나 실천으로 유혹받지 않는 것이 핵심 성향(심령)으로 자리 잡은 새로운 세대의 사람들을 상상한다.

이 야심 찬 시편은 분명한 양육을 통해 결국 세상에서 특별한 존재가 될 수 있는 아주 특별한 사람들이 생겨날 것이라고 주장한다. 절망과 도덕적 무관심, 기억상실증에서 벗어난 이 사람은 공동의 실천과 하나님과의 관계 둘 다에서 한결같은 태도를 견지할 수 있고 그런 태도를 지향하는 사람이다. 이 시편의 주장에 의하면, 그런 사람은 기적의 지평 속에서 양육될 때에만 자라날 수 있다.

자녀 양육에 대해 언급하는 이 시편에는 세상의 미래를 바라보는 눈이 있다. 목표는 세상의 미래를 책임질 수 있는 사람을 길러내는 것이다. 물론 기술적 능력도 중요하지만, 그 미래는 결국 기술적으로 유능한 사람을 통해 만들어지지 않을 것이다. 미래는 세상을 다르게 상상할 수 있는 능력과 자원, 성향, 용기를 가진 사람들에 의해 만들어질 것이다. 우리 젊은이들에 대한 복음 전도는 단순히 가족의 안녕이나 교회의 생존에만 관심을 두지 않는다. 복음 전도는 결국 한결같음과 충성에 의해 좌우되는 세상의 미래에 관심을 둔다. 복음 전도란 우리 가운데서 아주 매력적인 기술과 아주 강력한 지배 이데올로기를 뛰어넘어 세상을 돌볼 다음 세대를 소환하고, 일깨우고, 정당성을 부여하는 대화다.

요엘 2:28-29(행 2:17-18 참조)

시편 78편이 현재와 과거를 연결하듯이, 요엘 2장은 현재와 미래를 연결한다. 요엘 2장의 시는 끔찍한 파괴를 예견하지만(1-17절), 그 뒤에 하나님의 관대하고 강력하고 질투심 많은 역사로 인해 일어날 영광스러운 회복을 예견한다(18-32절). 18-27절에서 이 시는 하나님이 이스라엘 가운데 함께하실 것이라는 약속에서 절정에 이르는 행복을 약속한다(27절). 27절의 구성은 출애굽기 6:2, 7:5, 20:1-3의 구성을 반복하고, "다른 신은 없다"는 첫 번째 명령의 근원적인 주장을 되풀이한다. 이스라엘의 수사법은 가장 미래의 일을 투사할 때에도 자녀들이 이미 배운 출애굽기의 공식에 엄밀하게 근접해 있다.

28-29절은 이 놀라운 기대의 한 부분이다. 하나님의 복의 마지막 물결로, "그 후에" 하나님은 하나님의 영, 즉 새로움을 불러일으킬 수 있는 하나님의 창조적인 능력을 주실 것이다(사 32:15 참조). 이 구절에서 28a절과 29b절 양끝은 하나님의 영에 대한 언급으로 둘러싸여 있다. 따라서 성령의 역사는 교차구조적인 형태로 선언된다. 성령은 이들에게 관심을 두신다.

   a 자녀들(suns and daughters)
      b 늙은이(old men)
      b′ 젊은이(young men)
   a′ 남종과 여종(male and female slaves)

이 두 쌍은 공동체의 모든 부분을 상징한다. 우리의 관심을 끄는 것은 "자녀들"과 "젊은이"다. 이 두 용어는 대칭적이지 않다. "자녀들"은 "늙은이"와 평행하고, 따라서 두 번째 쌍에는 "젊은 여성"이 없기 때문이다. "자녀들, 젊은이"는 성령에 사로잡힐 것이고 "장래 일을 말하고 이상을 볼" 것이라고 기대한다. 이 신실한 회중의 젊은이들은 활력을 얻고, 해방되어, 미래를 구상하고 현재의 현실에 근거하지 않는 대안을 상상할 수 있는 권한을 부여받을 것이다.

한편으로, 이 일은 헤아릴 수 없는 하나님의 영의 선물을 통해서만 이루어진다. 다른 한편으로, 이러한 '미래'가 가능한 이유는, 이 공동체가 오랫동안 준비되어 금식하고(15절), 기도하고(17절), 두려워하지 않고(21-22절), 고백하는(27절) 훈련을 받았기 때문이다. 이 시는 이러한 자녀 양육의 목적이 공동체가 미래까지 하나님을 신실하게 신뢰하고 하나님이 의도하신 미래를 상상하게 하기 위한 것이라고 분명히 단언한다. 우리는 성령이 방문하지 않는 공동체는 미래를 주도할 수 없고 무한한 현재 시제에 맡겨질 것이라고 결론을 내릴 수 있다(전도서 1:7-10 참조). 따라서 일상적인 형태의 양육은 바로 하나님이 여전히 일하고 계신 새로움에 대한 개방성과 관련 있다.

누가복음-사도행전에서 교회 이야기의 맨 첫머리에 이 시를 배치한 데는 결코 사소하지 않은 의미가 있다(행 2:17-21). 교회는 하나님의 영이 침입하여 현재를 넘어 하나님의 미래로 인도되는 공동체다. 베드로의 설교에서 미래를 위한 이러한 능력 부여는 부활에서 절정에 이르는 "큰 권능과 기사와 표적"을 행하시는 하나님의 능력과 연결된다. 그 결과는 "그가 사망에 매여 있을 수 없었다"라는 것이다(24절). 따라서 성령은 새 생명을 주는 하나님의 능력의 분별과 수용으로 인도하고, 이로써 사망 권세에 굴복하기를 거부한다. 교회가 하나님의 새로운 생명을 지향한다는 이런 묘사는 점점 더 죽음을 사랑하고, 죽음에 매료되고, 번번이 죽음에 구애하는 사회에서 특히 더 중요하다.[36] 단조로운 기술 사회에서 생명의 선물을 기대하는 비전을 가진 청년들의 공동체를 양성하는 것은 위대한 순간이다.

시편 78편과 요엘서 2장은 두 가지 측면에서 통렬한 변증법을 형성한다. 먼저, 두 본문은 각각 과거에 기반을 두고 미래를 향해 열려 있는 공동체와 관련 있다. 두 본문 모두 현재의 현상 유지에 매달리는 과도한 집착에 저항한다. 둘째, 두 본문은 대조를 이룬다. 시편 78편은 아직 진입하지 않은 젊은이 공동체에 대해 부정적으로 말하는 반면, 요엘서 2장은 성령을 받아 충분히 준비된 개방적인 공동체에 대해 숙고한다. 내러티브를 통해 형성된 이 현실에서 청년들에 대한 복음 전도는 매우 중대하고 아주 장기적인 중요성을 지닌 기획이다.

깨지기 쉬운 신의

양육과 훈육에 관한 이 대화를 깊이 생각하는 동안, 나에게 깨달음을 준 세 본문으로 글을 마무리하려고 한다.

시편 103:13-14

놀랍게도, 시편 저자가 하나님의 백성을 향한 하나님의 온유하심에 대해 언급할 때 그 이미지는 아버지의 이미지다(덜 가부장적인 사회에서는 어머니의 이미지였을 수도 있다). 하나님은 두 가지 면에서 아버지와 같다. 먼저, 하나님은 긍휼을 베푸는 아버지와 같다. 필리스 트리플이 보여 주었듯이, '긍휼'이라는 용어는 어머니의 자궁을 닮은 사랑을 가리킨다.[37] 다시 말해, 아버지는 여기서 자녀에게 완전한 관심을 기울이고, 과도할 정도로 자발적으로 보살피고, 전적으로 결속되어 있다는 점에서 '어머니와 같다.' 둘째, 하나님은 아버지와 같이 "우리의 체질을 아시며 우리가 단지 먼지뿐임을" 기억하신다. "우리의 체질"이라는 용어는 창세기 2:7로 돌아간다.[38] 하나님은 우리가 어디에서 왔고, 우리가 어떻게 태어났고, 우리가 무엇으로 만들어졌고, 그리고 우리가 얼마나 극도로 연약하고 불안정한지 기억하는 아버지와 같다.

이 시는 자녀의 소중한 연약함을 기억하고 자녀의 능력을 넘어서는 기대를 결코 품지 않는 부모 공동체에게 호소한다. 아주 어린 아이에 대해서는 이렇게 쉽게 인정할 수 있다. 하지만 나중에 자녀가 더 이상 연약함을 기억하지 못하고 성인이 된 자녀들이 그렇지 않은 척 행동할 때에도, 이 아버지와 어머니 공동체는 동일한 부모의 인식을 계속 유지한다. 인간의 삶은 깊고 끝없는 위험에 처해 있다. 부모는 이것을 알고 있다. 부모는 그 위험으로부터 자녀를 보호할 수 없지만, 그들은 존중하고 배려하고 용서하면서 자녀의 약함에 함께한다. 이러한 끝없는 긍휼의 모판 위에서 이 자녀들은 양육된다. 그 과정에서 자녀들은 먼지로 만들어진 모든 피조물은 위험에 처해 있고, 그 약함에 부합하는 온유한 보살핌이 필요하다는 것을 배운다.

누가복음 10:21-24

이 특이한 본문은 부모와 자녀를 직접 언급하지 않지만 대단히 기독론적이다. 나는 두 가지 이유로 우리가 다루는 주제와 관련하여 이 본문을 인용한다. 이 본문은 "어린 아이"(21절)와 "제자"(23절)를 언급한다. "어린 아이"와 "제자"라는 두 용어는 극도로 취약하지만 신뢰하는 순종을 배우고 형성하는 믿음의 초보자와 관련 있다.

이 예수님의 진술은 두 개의 독립된 말씀을 연결한 것 같다. 첫 번째 진술(21-22절)에서는 하나님께서 "이것"을 숨기신 지혜롭고 총명한 사람들과 "이것"을 나타내신 "어린 아이"를 대조한다. 계시된 것은 아버지와 아들의 관계, 즉 창조주 하나님의 능력과 뜻은 예수님의 인격에서 분명하다는 주장과 관련 있다. "어린 아이"에 대한 언급은 문자적 의미가 아닌, 세상에서 약하고 보잘것없는 사람들을 가리킨다. 이 믿음이 단언하듯이, 현실의 강력한 진리는 이 시대의 지혜와 힘에 갇혀 있지 않은 어린 아이에게 주어질 가능성이 훨씬 높다.

두 번째 말씀(23-24절)에서 제자들은 권력자(왕과 예언자)들이 보지 못하고 듣지 못한 것을 보고 듣도록 허락된다. 다시 말해, 약함은 이 분별력과 믿음의 선물을 받기 위한 전제 조건이다.

이 두 말씀은 젊은이들에게 복음을 전파할 때 교회는 권력과 지식을 연결하는 세상의 방식을 너무 쉽게 모방해서는 안 된다고 시사한다. 제자훈련 과정은 어리석음이 지혜이고 약함이 능력인 이 특이한 세계로 젊은이들을 인도하는 것이다(고전 1:18-25). 이 두 말씀을 낯설게 병치함으로써 세상의 지배적인 범주가 유지되지 않을 것임을 암시한다. 교회는 젊은이들이 어른과 같은 방식으로 세상의 현실을 직시하기 원하지만, 동시에 교회는 어른들이 어린 아이 같은 순수함과 연약함에 참여하기를 원한다. 현실의 중요한 전환점은 연약함으로 인해 일어나기 때문이다. 젊은이들이 나이가 들어가면서, 이와 같은 복음적 양육은 냉소적인 세상 지혜를 경계해야 한다. 냉소적 태도는 결국 기적을 무너뜨리고 사귐을 불가능하게 만들기 때문이다. 예수님의 이 진술은 지나치게 지혜롭거나 강하지 않지만, 하나님의 궁극적인 능력이 나타난 십자가의 신비에 시선을 고정한 대안이 세상에서 가능하다고 단언한다. 십자가의 능력은 "제자"인 "어린 아이"에게 결정적인 요소가 된다.

누가복음 1:16-17

사가랴에게 준 천사의 말은 곧 태어날 아기 요한에 관한 것이다. 16-17절에서 요한의 예상되는 사역은 '돌아오다'라는 동사의 이중적 사용에 의해 지배된다. 요한은 엄청난 회심을 일으킬 것으로 기대된다. 먼저, 요한은 타락한 많은 이스라엘 백성을 회심시킬 것이다. 둘째, 우리의 목적을 위해 더 중요한 것으로, 요한은 부모의 마음이 자녀들에게 돌아가게 할 것이다. 놀랍게도, 이 본문은 말라기 4:6(히 2:24)의 인용이지만 말라기 병행구의 후반부를 이어가지 않고 대신 새로운 병행구, "거스르는 자를 의인의 슬기에"를 제시한다.

누가가 말라기를 번역할 때, 두 번째 행은 첫 번째 행과 정확한 병행을 이루고, 따라서 "거스르는 자"는 부모일 수도 있고 "의인의 슬기"는 자녀들의 지혜일 수도 있다. 어쨌든 이렇게 표현된 말라기의 약속에서 자녀가 부모에게 순응하지 않고 부모가 자녀에게 돌아가야 한다는 것은 의미심장하다. 세상의 근본적인 무질서를 극복하려고 한다면, 진정한 회심이란 부모들이 자녀들의 순수함과 자녀들의 필요, 특히 자녀들의 약함에 주목하면서, 어쩌면 그것을 존중하고, 어쩌면 그것을 공유하는 것이다.[39]

이런 돌아감의 결과는 "[준비된] 백성을 준비"하는 것이다. 탄생 내러티브의 맥락에서 볼 때, 이 말은 오실 메시아를 위해 준비된 백성을 의미한다. 더 광범위하게, 하나님의 새로운 현실의 질서를 위해 준비된 백성을 준비시키는 것이다. 자녀를 양육하고 복음을 전파하는 것은 우리에게 특이해 보이는 새로운 방식으로 형성된 세계의 대가와 기쁨을 위해 준비되는 것이다. 우리가 자녀들에게 돌아간다는 것은 우리의 공통 의식을 나타내는 절망과 기억상실증, 소유욕에서 극적으로 벗어나는 것을 의미한다(눅 3:10-14 참조). 이 복음 전도 과정은 가정이나 제도적 교회의 문제가 아니다. 복음 전도는 세상의 삶을 위한 하나님의 약속이라는 큰 문제와 관련 있다. 이 기대의 말씀에서 자녀의 행복은 부모가 돌아가는 것에 의해 좌우된다. 부모가 자녀들에게 "돌아간다"는 것은 회심의 필요가 가장 절실한 이들이 부모들임을 의미한다. 부모가 "돌아갈" 때, 자녀들은 믿을 것이다.

지금 복음 전도가 엄청난 규모의 위기 가운데 있는 것은, 교회 공동체가 우리 젊은이들에게 복음의 능력이나 타당성을 설득하지 못했기 때문이다. 내 생각에 이런 일이 일어난 이유는, 어른들이 믿음의 가족 안에서 우리의 신앙을 제대로 표명하지 못했기 때문이다. 신앙의 스캔들이 신앙과 문화 사이에 손쉬운 조화를 갈망하는 어른들의 입맛에 점점 더 맞지 않게 된 것이 이렇게 신앙을 표명하지 않게 된 이유 중 하나라고 나는 생각한다. 이렇듯 손쉬운 조화를 추구하는 상황에서, 기독교 신앙의 모든 급진성은 제거되었고, 결국 명료하게 표현할 수 있는 것이 거의 없게 되었고, 그것조차 대부분 사적인 율법주의로 축소되고 말았다.

동유럽에서 공산주의 정치와 경제 제도가 붕괴하면서(그리고 많은 이들이 마르크스주의의 붕괴를 지적인 선택지라고 생각하면서), 얼핏 보기에 신앙의 선택지 중에 자유 시장 이데올로기만 우리에게 남은 것처럼 보인다. 이러한 상황은 무비판적 환호를 불러일으켰지만, 자유 시장 이데올로기는 실행 가능한 인간 공동체를 구축하는 데 어떤 틀로 작동하는 것은 결코 아니라는 사실은 분명히 지적되어야 한다. 자유 시장 이데올로기는 기껏해야 생산적인 자족을 추구하는 사람들에게 매력적인 이데올로기다. 그런데 이 이데올로기는 매우 얄팍하기 때문에 딛고 서기에 적절한 곳이 아니다. 만약 교회가 젊은이들에 대한 책임을 포기한다면, 그들은 불가피하게 우리 사회에서 믿을 수 없을 만큼 비인간적인 의도를 가진 자유 시장 이데올로기의 상속자로 성장할 것이다.

이런 측면에서 복음 전도는, 교회가 자유 시장이라는 지배 이데올로기와 극한 갈등 속에 있는 세상에서 일관성 있는 길을 명확히 표현할 수 있느냐, 우리 어른들이 그 일에 생각과 마음을 쏟을 수 있느냐, 우리가 감히 젊은이들과 함께 그렇게 특이하게 행동할 수 있느냐는 도전에 직면해 있다. 만약 복음이 우리에게 설득력 있는 힘이라면, 자녀들은 그 힘을 붙잡을 것이다. 만약 우리가 신앙을 단순히 아주 어린아이들을 위해 마련된 낭만적인 선물이지만 '실제 삶'과 무관한 것으로 제시한다면, 아이들도 눈치챌 것이다.

우리 자녀들에게와 마찬가지로 우리에게도 기독교 복음은 다음과 같이 표현되고 들려져야 한다.

- 성찰하지 않는 사회에서 지적으로 신뢰할 수 있어야 한다.
- 냉소적인 공동체에서 정치적으로 비판적이고 건설적이어야 한다.
- 방종적인 사회에서 도덕적으로 밀도 있고 무게가 있어야 한다.
- 종교적 키치에 압도된 사회에서 예술적으로 만족스러워야 한다.
- 손쉬운 가짜 대답이 난무하는 사회에서 목양적으로 세심해야 한다.

당연히 우리 손에는 '걸림돌'이 있다! 장차 때가 되면, 아이들은 우리의 믿음의 표지가 어떤 의미인지 물어볼 것이다. 혹은 아이들은 우리의 소심한 태도만 눈여겨볼 수도 있다. 아이들은 우리를 부끄러워하면서 아무것도 묻지 않고 조용히 지낼 수도 있다. 우리 성인들의 임무는 소중하고 귀중한 우리 후손에게 '소식'을 중재할 수 있을 만큼 충분히 믿음과 씨름하는 것이다. 소식이 없다면, 우리와 우리 자녀 모두 죽음으로 넘겨질 것이다.

나가는 글

복음 전도는 전통적인 교회를 지탱하는 안전한 교회 활동이 아니고, 사회적 현상 유지를 지지하는 의례적인 사업도 아니다. 여기서 말하는 복음 전도는 세상과 이웃, 자신에 대한 변화된 인식을 낳고 그 세상에서 다르게 사는 권한 부여를 낳는 변화된 의식의 활동이다. 하나님이 승리하셨다는 소식은 변화된 삶을 의미한다. 즉 그 소식을 듣고 변화되어, 세상을 변화시키고, 노예를 해방하고, 언약을 맺고, 약속을 지키고, 정의를 명하시는 하나님의 통치 아래 개인과 공공의 삶을 점차 더 많이 가져가기 위해 노력하는 것이다.

복음 전도 드라마는 일회적인 사건이 결코 아니라, 승리-선포-전유의 순서를 반복적으로 관통하는 내러티브다. 복음 전도 공동체인 교회는 이 드라마를 재연하고 전유하는 일에 끊임없이 참여하고, 이 위험한 대안적 세계로 재편입되고 있음을 깨닫는다. 이 복음 전도 드라마의 중심에 있는 주장의 실재는 우리에게 숨겨져 있어서 확실성을 추구하는 우리의 기술 능력을 거부한다. 기본적으로 성경의 신앙은 우리의 공동생활의 격을 떨어뜨리거나 예속하거나 분열시키는 모든 것을 하나님이 이기셨다고 단언한다. 죽음의 힘은 회복력이 아주 강하기 때문에, 이 하나님의 승리는 새로운 형식과 장소에서 끝없이 반복되고 재연되고 복제된다. 항상 새로운 승리의 결과로, 가장 창의적인 선포와 가장 용기 있는 전유가 우리의 책임으로 남아 있다.

듣고, 응답하고, 전유하는 드라마는 일차원적인 일반화가 결코 아니다. 오히려 제대로 선포된 소식의 전유는 항상 구체적이고, 특수하고, 전복적이다. 대부분의 미국 교회와 같이 문화에 예속된 교회에서, 우리가 선호하는 복음 전도 전략은 '모든 것'이 그대로 유지될 수 있다는 확신의 눈짓을 보내면서 사람들을 초대하는 것이다.

이 드라마에 대한 연구는, 성경 자체에서 그렇듯이, 동일하게 유지될 수 있는 것은 아무것도 없다는 결론으로 인도한다. 복음 전도에 대해 생각할 때 미국 교회의 중요한 문제는, 복음의 수용이 구석구석까지 변혁적이라고 모호하지 않게 말할 수 있는 담력(용기와 자유)을 회복하는 것이라고 나는 생각한다. 이 연구에서 우리는 세 대상의 관점에서 이 변혁적 현실에 대해 성찰했다.

- 내부인이 된 외부인에게 예전과 같은 일은 더 이상 없다. 따라서 여호수아는, 만약 우리가 "야훼를 선택한다면" 우리는 또한 언약 윤리를 선택하고 '가나안인의' 반이웃적인 삶의 관행을 중단해야

한다는 것을 염두에 두고 있다.
- 두루마리를 중심으로 초막에 거하는 믿음의 과정에 새로 편입된 내부인에게 예전과 같은 일은 더 이상 없다. 내부인은 언약의 열정으로 다시 초대되고 삶의 모든 부분에 영향을 미치는 명령의 자녀가 된다.
- 지배 문화의 모든 특권과 선물을 누리며 온건하게 성장하는 것만 생각하는 우리 젊은이에게도 예전과 같은 일은 더 이상 없다.

물론 교회는 과도하게 급진적이거나 파괴적이거나 전복적이 되기를 원하지 않는다. 당연히 그렇지 않고, 나도 마찬가지다. "예전과 같은 일은 더 이상 없다"는 근거와 긴급성은 우리가 화를 잘 내거나 성급하다는 사실에 근거한 것도 아니고, 이 주장이 성경에 있기 때문도 아니다(아마 충분히 타당한 이유이겠지만). 아니다! 변혁이라는 이 대안적 주장의 긴급성은 오히려 '가나안' 외부인이나 지친 내부인 혹은 결단을 내리지 않은 젊은이들이 얻지 못하는 삶의 가능성이 여기서 매개된다는 데 있다. 결국 세상을 위해 혼돈에 맞서 승리를 거두고, 생명을 위해 죽음에 맞서 승리를 거두고, '샬롬'을 위해 불의에 맞서 승리를 거두신 하나님이야말로 우리가 절실하게 또한 무의식적으로 갈망하는 바로 그분이시다. 이것은 교회의 문제가 아니고, 복음 전도는 결국 교회의 의제가 아니다. 오히려 복음 전도는 우리가 "새로운 만물"을 받는 쪽에 속할 수 있다는 제안이다. 이 오래된 본문은, 제대로 말하고 제대로 극화하여, 우리의 삶을 재서술㈜1하라고 우리를 초대한다. 이야기를 전하는 것이 바로 복음 전도 행위다. 우리는 잠재적으로 이야기하는 사람이고, 듣는 사람이고, 살아가는 사람이다. 그와 같은 소식이 없다면, 우리는 생명의 하나님으로부터 떨어져 절망에 빠진다. 하지만 우리는 그럴 필요가 없다. 새로움을 위한 본문은 충분히 있기 때문이다.

주

1장
완성되지 않은 세 장면의 복음 전도

1) 그때 그곳에서 지금 여기로 바뀌는 이동에 대해, Walter Brueggemann, *Israel's Praise*: (Philadelphia: Fortress Press, 1988), 29-38와 Garrett Green, *Imagining God: Theology and the Religious Imagination* (San Francisco: Harper and Row, 1989), pp. 62-74를 보라.

2) 한 가지 형태가 규범적일 수 없는 이유는 모든 형태가 '이론으로 물들어,' 객관적이지 않기 때문이다. Richard Harvey Brown, (Chicago: University of Chicago Press, 1987), p. 68를 비롯한 여러 곳을 보라.

3) Paul Hanson은 *The Dawn of the Apocalyptic* (Philadelphia: Fortress Press, 1975)에서 가장 오래된 신화와 후대의 묵시적 본문 사이의 결정적인 상관관계를 보여 주었다.

4) 정복되지 않는 악의 회복 능력에 대해서 Jon D. Levenson, *Creation and the Persistence of Evil* (San Francisco: Harper and Row, 1988)를 보라.

5) Johann Christiaan Beker, Paul the Apostle: (Philadelphia: Fortress Press, 1980)를 보라.

6) Norman K. Gottwald는 *The Tribes of Yahweh* (Maryknoll, NY: Orbis Books, 1979)에서 이스라엘의 출애굽-시내산 위기가 사회적 관계 양식과 관련된 사회 혁명이었음을 가장 포괄적으로 보여 주었다. 그는 출

애굽-정복이 지배 방식으로부터의 해방이요 평등주의적 사회 관계의 실천이라고 주장했다.

7) Walter Brueggemann, "The Commandments and Liberated, Liberating Bonding," Journal for Preachers 102 (Lent, 1987), pp. 15-24, reprinted in *Interpretation and Obedience*: (Minneapolis: Fortress Press, 1991), pp. 145-158를 보라.

8) 누가-행전이 신명기의 극적인 경향을 어떻게 반복하는지에 대해 John Drury, Tradition and Design in Luke's Gospel (Atlanta: John Knox Press, 1976), pp. 138-171과 C. F. Evans, "The Central Section of St. Luke's Gospel," Studies in the Gospels: *Essays in Honor of R. H. Lightfoot*, ed. D. E. Nineham (Oxford: Blackwell, 1955), pp. 37-53를 보라. David Moessner, "Luke 9:1-50: Luke's Preview of the Journey of the Prophet Like Moses of Deuteronomy," *Journal of Biblical Literature 102* (1983), pp. 575-605과 *Lord of the Banquet* (Minneapolis: Fortress Press, 1989)에서 시도한 이 주장에 대한 최근의 재구성을 보라.

9) 복음주의 신앙의 인식론 위기에 대해서 Sharon D. Welch, Communities of Resistance and Solidarity (Maryknoll, NY: Orbis Books, 1985), pp. 9-14과 여러 곳을 보라.

10) 상품의 파괴적인 유혹에 대해서 Abraham Heschel, *Who is Man?* (Stanford: Stanford University Press, 1965), pp. 83-87과 여러 곳, 또한 Brown, *Society as Text*: (Chicago: University of Chicago Press, 1987), pp. 64-79를 보라.

11) 이 문제에 집중함으로써 나는 환원주의의 위험에 빠지지 않는다. 나는 우상숭배와 억압의 복잡한 그물망이 서로 영향을 미친다는 것을 알고 있기 때문이다. 나의 분석은 이러한 현재 위기의 모든 요소를 암시하려는 것이다.

12) 용서의 공적인 측면에 대해서 Carter Heyward et al. and the Amanecida Collective, *Revolutionary Forgiveness*: (Maryknoll, NY: Orbis Books, 1987)를 보라.

13) 이 어구에 대해 Krister Stendahl, "The Apostle Paul and the Introspective Conscience of the West," *Paul Among Jews and Gentiles and Other Essays* (Philadelphia: Fortress Press, 1976), pp. 78-96를 보라.

14) 막 4:1-20에 나오는 예수님의 비유는 이런 불가피한 현실을 충분히 인정했다.

15) 복음 전도의 빈약한 의도와 관련하여 Vincent J. Donovan, *Christianity Rediscovered* (Maryknoll, NY: Orbis Books, 1982)의 놀라운 이야기를 보라.

16) Peter Berger and Thomas Luckman, *The Social Construction of Reality* (Anchor Books; Garden City, NY: Doubleday, 1967), pp. 156-157에서 "세계를 교체하다"라는 멋진 문구를 사용한다.

2장
아웃사이더가 인사이더가 되다

1) Dennis McCarthy, "An Installation Genre?" *Journal of Biblical Literature 90* (March, 1971), pp. 31-41를 보라.

2) 이 중추적인 장에 대해서 William T. Koopmans, *Joshua 24 as Poetic Narrative* (JSOT Supp. 93; Sheffield: Sheffield Academic Press, 1991)를 보라.

3) Albrecht Alt, "Die Wallfahrt von Sichem nach Bethel," *Kleine Schriften zur Geschichte des Volkes Israel I* (Munich: C. H. Beck Verlagsbuchhandlung, 1953), pp. 79-88.

4) 이 본문들과 세례 관행의 관련성에 대해서 Philip Carrington, *The Primitive Christian Catechism*: (Cambridge: Cambridge University Press, 1940)에서 효과적으로 다루어졌다.
5) 이 어구에 대해 Peter L. Berger and Thomas Luckmann, pp. 156-157를 보라.
6) Patrick D. Miller, Jr., "The Human Sabbath: A Study in Deuteronomic Theology," *The Princeton Seminary Bulletin* 6/2 (1985), pp. 81-97.

3장
망각한 자가 기억하는 자가 되다

1) James A. Sanders의 선도적 논문, "Torah and Christ," *Interpretation* 29 (October, 1975), pp. 372-390를 보라.
2) David Tracy, *The Analogical Imagination*: (New York: Crossroad, 1981)에서는 '고전'이 어떻게 계속되는 해석을 요구하는지 고찰했다. 고전의 영원성과 시의성, 해석에 의해 좌우되는 논증에 대한 그의 논평을 보라(p. 102).
3) '부족함이 없다'라는 말은 시 23:1의 친숙한 문장에 있는 것과 똑같은 말이다. "여호와는 나의 목자시니 내게 부족함이 없으리로다." 이 시편은 하나님의 관대하심으로 인해 결여나 부족함이 전혀 없는 풍요로움을 낳는다고 주장한다. 이 시편에서 종교적 단언처럼 보이는 것은 모세의 설교에서 상당히 구체적인 내용으로 표현된다.
4) Gustavo Gutiérrez, *We Drink From Our Own Wells*: (Maryknoll, NY: Orbis Books, 1984)에서는 영성의 근원에 대해 말하기 위해 Bernard of Clairvaux에게서 가져온 문구, 우물에서 나오는 물 은유를 사용했다. Gutiérrez는 수원이 깊은 우물에 대해 말하는 반면, 예레미야는 동일한 은유를 생명의 자원이 전혀 없는 백성과 관련하여 부정적으로 사용한다.

5) 바빌론에서의 포로의 상황에 대한 대체로 부정적이고 새로운 평가에 대해서 Daniel L. Smith, *The Religion of the Landless*: (Bloomington: MyerStone Books, 1989)를 보라.
6) 이 주제와 관련해서는 Stanley Hauerwas and William H. Willimon, *Resident Aliens*: (Nashville: Abingdon Press, 1989)의 급진적이고 논란이 분분한 은유와 논의로 이어졌다. 『하나님의 나그네 된 백성』(복있는 사람).

4장
사랑받는 자녀가 신실한 어른이 되다

1) 이 장의 제목은 Alfred North Whitehead, *The Aims of Education and Other Essays* (London: Williams and Norgate, 1932), p. 43를 쉽게 풀어쓴 것이다. Whitehead는 교육에 대해 이렇게 주장한다. "교육의 임무는 소년의 지식을 남자의 능력으로 바꾸는 것이다." 마찬가지로, 양육의 목적은 사랑받는 자녀를 진지한 신앙을 가진 성인으로 바꾸는 것이다.
2) 신자의 자녀들은 실제로 Horace Bushnell의 프로그램의 대상이 될 수 있다. 즉 자녀들은 신앙인이 아닌 다른 사람으로 자신을 인식하지 않도록 믿음으로 양육될 수 있다.
3) 이런 맥락에서 '단번의' 회심 사건이나 경험은 존재하지 않는다. 선의의 입교 의식조차, 마치 성인의 믿음으로 '단번에' 들어가는 것처럼 프로그램과 예전으로 진행되어 왔다. 분명 이것은 성인으로 성장해가는 현실에 거의 부합하지 않는다.
4) 이런 무감각한 물러남은 Robert Jay Lifton의 연구에서 특히 중요했다. 실제로 그는 이런 무감각이 '상징의 틈,' 즉 경험의 깊이와 위험을 위해 적절한 상징이 결여된 상황 때문에 발생한다고 제안했다. 적절한 상징이 없으면, 이용 가능한 경험을 겪을 수 없고 사실상 거부한다.
5) Urie Bronfenbrenner, "Who Needs Parent Education?" *Teachers College Record 79* (1978), 773-774과 Nel Noddings, *Caring:*

A Feminine Approach to Ethics and Moral Education (Berkeley: University of California Press, 1984), pp. 59-78를 보라. Bronfenbrenner는 이러한 보살핌이 결국 '유능함'과 '대응 능력'을 낳는다고 주장한다.

6) 이 본문들에 대해 Walter Brueggemann, *The Creative Word*: (Philadelphia: Fortress Press, 1982), pp. 14-39를 보라.

7) J. A. Soggin, "Kultaetiologische Sagen und Kateches im AT," *Vetus Testamentum 10* (1960), pp. 341-347에서는 이 질문과 대답이 교리문답 비슷한 것을 구성한다고 주장했다. 다만 우리가 가진 전통적인 교리문답과 다른 중요한 차이점은 자녀가 묻고 어른이 대답한다는 점이다.

8) 계속 불안정하게 만드는 이러한 기사의 지속적인 힘에 대해서 Walter Brueggemann, *Abiding Astonishment*: (Louisville: Westminster/John Knox Press, 1991)를 보라.

9) Michael Fishbane, "Deuteronomy 6:20-25/Teaching and Transmission," *Text and Texture*: (New York, Schocken Books, 1979), pp. 79-83.

10) 이 용어는 Eugen Rosenstock-Huessy, Speech and Reality (Norwich, Vermont: Argo Books Inc., 1970), p. 33의 중요한 논의를 언급하면서, Fishbane, "Deuteronomy 6:20-25," p. 82에서 사용된다.

11) 이 핵심 본문에 대해서 Patrick D. Miller, *Deuteronomy* (Louisville: Westminster/John Knox Press, 1990), pp. 97-106, J. G. Janzen와 S. Dean McBride의 연구에 대한 언급, 그리고 Patrick D. Miller, "The Most Important Word: The Yoke of the Kingdom," *Iliff Review 41* (1984), pp. 17-30를 보라.

12) 이스라엘에게 맡겨진 복의 능력에 대해, Hans Walter Wolff, "The Kerygma of Yahwist," *Interpretation 20* (1966), pp. 131-58, reprinted in *The Vitality of Old Testament Traditions*, by Walter Brueggemann and Hans Walter Wolff (Atlanta: John Knox Press,

1982), pp. 41-66과 Claus Westermann, "The Way of the Promise through the Old Testament," *The Old Testament and Christian Faith*, edited by Bernhard W. Anderson (New York: Harper and Row, 1963), pp. 200-224를 보라.

13) 하갈 내러티브는 조상들 사이에 복을 얻기 위한 싸움의 핵심 요소이고 원형적 사례다. 하갈 내러티브의 내적 텍스트성에 대해서 Phyllis Trible, *Texts of Terror*: (Overtures; Philadelphia: Fortress Press, 1984), pp. 9-35를 보고[『공포의 텍스트』(도서출판100)], 성경 기사의 역사적이고 서사적 선행 사건들에 대해서 Jo Ann Hackett, "Rehabilitating Hagar: Fragments of an Epic Pattern," *Gender Difference in Ancient Israel*, edited by Peggy L. Day (Minneapolis: Fortress Press, 1989), pp. 12-27를 보라.

14) 믿음의 급진성이 효과적인 사회 권력 획득과 어떤 부정적인 상관관계에 있는지에 관한 이 예리한 평가에 대해서, 영국 케임브리지에 있는 성 콜롬바 연합 교회 목사 Ernest Marvin에게 감사한다.

15) Carol Gilligan, et al., *Making Connections*: (Cambridge: Harvard University Press, 1990)과 Women, *Girls and Psychotherapy*: edited by C. Gilligan, A. Rogers, and D. Talisman (New York: Haworth Press, 1991)를 보라.

16) 물론 나는 Augustine의 유명한 경구를 암시하려고 의도한다. 하지만 아우구스티누스의 경구는 지나치게 경건한 단순화로 평가절하되지 않아야 한다. 이 경구는 오히려 우리 삶이 어떻게 욕망에 좌우되는지에 대한 정직하고 정교한 인식이다. Rupert Hoare는 시장 경제가 어떻게 욕망의 육성에 의존하는지 이해했던 Adam Smith의 『국부론』의 예리한 심리학적 분석에 나의 주의를 환기시켰다. 나아가, 문화에 대한 Freud의 선도적 이해는 욕망의 필연적 구현 및 필연적 포기에 관심을 갖는다.

17) 처음 두 계명에 대한 마르틴 루터의 강해는 여전히 우리가 직면한 우상숭배 위기에 대한 가장 강력한 해설이다. Pablo Richard, et al., *The Idols*

of *Death and the God of Life* (Maryknoll, NY: Orbis Books, 1983) 를 보라. 우상숭배를 행할 때 기쁨의 부재에 대해서, 하나님을 침해할 때 참하나님의 대체물이 만들어 낼 수 없는 기쁨의 상실로 이어진다고 인정하는 시편 51:8, 12을 보라. 이 가르침은 어려운 가르침이지만, 그 가르침에 대한 설명은 소비 경제에서 매우 중요하다.

18) 내러티브와 율법의 관계는 성서학에서 매우 오래되고 골치 아픈 문제다. 이 주제와 관련하여 엄청나게 까다로운 비판적 질문이 있지만, 우리는 진지한 해석 공동체의 이야기 전달에서 명령이 실제로 어떻게 등장하는지 고려하는 편이 더 나을 것이다. 내러티브를 적극적으로 낭송하는 과정에서 더 이상 명령이 등장하지 않을 때, 그 명령은 힘과 권위를 잃는다.

19) 구약성경의 내러티브와 명령 공동체에서 모세의 율법에 대한 '엄격한 구성주의'가 없었다는 점은 분명하다. 신명기에 반영된 해석학의 활력은 모세의 명령이 끝없는 해석과 재상황화를 고수했음을 명백히 보여 준다. 미국 대법원과 관련해서든 종교적인 정통 도덕과 관련해서든, '엄격한 구성주의'는 법 이론이 아니라 당파적 이데올로기의 도구라는 점은 분명하다.

20) Walter Harrelson, *The Ten Commandments and Human Rights* (Overtures; Philadelphia: Fortress Press, 1980)에서는 십계명이 온갖 종류의 새로운 윤리적 문제와 상황에 대해 계속 적절한 생성 능력을 갖고 있음을 창의적으로 보여 주었다.

21) "The Commandments and Liberated, Liberated Bonding," 이런 도덕적, 지적인 활력에 대해서는 앞에서 언급한 책에 있는 나의 논의를 보라.

22) *Finally Comes the Poet*: (Minneapolis: Fortress Press, 1989), pp. 99-110에서 이 명령에 대한 나의 해설을 보라.

23) 이 자료에 대한 개요를 위해 Gerhard von Rad, *Wisdom in Israel* (Nashville: Abingdon Press, 1972)과 James L. Crenshaw, *Old Testament Wisdom*: (Atlanta: John Knox Press, 1981)를 보라.

24) Hans Walter Wolff, *Anthropology of the Old Testament*

(Philadelphia: Fortress Press, 1974), pp. 178-184를 보라. 지혜 교육을 위한 다양한 상황에 대해서 *The Sage in Israel and the Ancient Near East*, edited by John G. Gammie and Leo G. Perdue (Winona Lake: Eisenbrauns, 1990)에 있는 여러 논문, 특히 궁정(R. N. Whybray, 133-139), 가족과 지파(Carol R. Fontaine, pp. 155-164), 그리고 학교와 성전(Andre Lemaire, pp. 165-181)에 대해 보라.

25) 신뢰를 바탕으로 하는 지식의 특징에 대해 Michael Polanyi, *Personal Knowledge*: (Chicago: University of Chicago Press, 1958)를 보라.

26) 이 문제에 관한 규범적 진술은 Thomas S. Kuhn, The Structure of the Scientific Revolutions (Chicago: University of Chicago Press, 1970)에 의존한다. 『과학혁명의 구조』(동아출판사).

27) Gerhard von Rad, Wisdom in Israel, pp. 24-50. 또한 지혜 연구는 일반적으로 지혜가 표현되고 전달되는 방식에 큰 관심을 기울여 왔다. James Crenshaw는 이 문제에 대해 몇 가지 중요한 연구를 내놓았다. 특히 "Education in Ancient Israel," *Journal of Biblical Literature 104* (1985), pp. 601-615, "Wisdom and Authority: Sapiential Rhetoric and Its Warrants," *Supplements to Vetus Testamentum 32* (1981), pp. 10-29를 보라.

28) 나는 이 구체적인 어구를 Sara Little에게서 가져왔다. 나는 이 단언이 현실을 개별 단위로 해체할 수 있다고 믿는 기술적 이성의 유혹에 대한 반박이라고 받아들인다. 연결성에 대한 단언은 지혜 교육의 핵심에 있고, 창조세계가 연결된 시스템이라는 신학적 이해 안에 반영되어 있다. Hans Heinrich Schmid, *Gerechtigkeit als Weltordnung* (BHT 40, Tübingen: Mohr/Siebeck, 1968)과 "Creation, Righteousness, and Salvation: 'Creation Theology' as the Broad Horizon of Biblical Theology," *Creation in the Old Testament*, edited by Bernhard W. Anderson (Philadelphia: Fortress Press, 1984), pp. 102-117를 보라.

29) Gerhard Von Rad, *Wisdom in Israel*, p. 65에서는 "어리석음은 실

제적 무신론이다"라고 결론을 내린다. 83쪽에서 그는 어리석은 자를 '무질서한' 사람이라고 언급한다. '어리석음'에 대한 더 광범위한 논의는 Barbara W. Tuchman, *The March of Folly from Troy to Vietnam* (New York: Ballantine Books, 1984)를 보라.

30) Walther Zimmerli, "The Place and Limit of the Wisdom in the Framework of the Old Testament Theology," *Scottish Journal of Theology 17* (1964), pp. 146-158과 특히 p. 148를 보라.

31) 이것은 위의 각주 28에서 본 Schmid의 논증에서 이어지는 결론이다. 물론 Schmid의 관점에 대해 이의제기가 없는 것은 아니다. Horst Dietrich Preuss, *Theologie des Alten Testaments I* (Stuttgart: W. Kohlhammer, 1919), pp. 259-274를 보라.

32) 고전적인 진술은 Klaus Koch의 진술, "Is there a Doctrine of Retribution in the Old Testament?" in *Theodicy in the Old Testament*, edited by James L. Crenshaw (Philadelphia: Fortress Press, 1983), pp. 57-87이다. Patrick D. Miller의 비판, *Sin and Judgment in the Prophets* (Chico, CA: Scholars Press, 1982), pp. 121-139를 보라.

33) 시간이 흐르면서 James Crenshaw는 이 문학 작품들이 고대 이스라엘의 신정론 위기와 어떤 관련이 있는지 광범위하면서도 가장 유용한 글을 써왔다. 그의 최근 주석, *Ecclesiastes* (OTL, Philadelphia: Westminster Press, 1987), pp. 12-13에는 이 주제에 관한 Crenshaw의 인상적인 참고 문헌의 광범위한 자료가 제공되어 있다.

34) Roland E. Murphy, "Qoheleth's 'Quarrel' with the Fathers," *From Faith to Faith*: edited by Dikran Y. Hadidian (Pittsburgh: Pickwick Press, 1979), pp. 235-245.

35) 경쟁하는 윤리 전통의 매우 독특한 위상에 대해 Alasdair C. MacIntyre, *Whose Justice? Which Rationality?* (Notre Dame: University of Notre Dame Press, 1989)와 *Three Rival Versions of Moral Enquiry*:

(Notre Dame: University of Notre Dame Press, 1990)를 보라.
36) '죽음을 사랑함'에 대해 사 28:15, 18을 보라. 더 광범위하게, Robert Jay Lifton, *The Broken Connection*: (New York: Basic Books, 1979)와 그의 여러 가지 관련 연구를 보고, 또한 매우 다른 방식의 연구 Ernest Becker, *The Denial of Death* (New York: Free Press, 1973)[『죽음의 부정』(한빛비즈)]과 Erich Fromm, *Escape From Freedom* (New York: Rinehart and Co., 1941)[『자유로부터의 도피』(휴머니스트)]를 보라.
37) Phyllis Trible, *God and the Rhetoric of Sexuality* (Overtures, Philadelphia: Fortress Press, 1978), pp. 31-71. 『하나님과 성의 수사학』(태초).
38) Walter Brueggemann, "Remember, You are Dust," *Journal for Preachers 14/2* (Lent, 1991), pp. 3-10를 보라.
39) 이렇듯 자녀들에게 돌아감에 대해 Alice Miller, *Thou Shalt Not be Aware*: (New York: New American Library, 1986)를 보라.

나가는 글

1) '재서술' 주제에 대해, Roy Schafer의 함축적이고 선도적인 연구 *Retelling a Life*; (New York: Basic Books, 1992)를 보라.

월터 브루그만의 복음 전도

초판 1쇄 발행 2024년 6월 10일
지은이 월터 브루그만
옮긴이 이철민
펴낸이 김태희
펴낸곳 터치북스
출판등록 2017년 8월 21일(제 2020-000174호)
주소 경기도 고양시 덕양구 통일로 800, 2층(관산동)
전화 031-963-5664 팩스 031-962-5664
이메일 1262531@hanmail.net
ISBN 979-11-85098-62-3

책값은 표지에 있습니다.
파본은 구입한 곳에서 교환해 드립니다.